JN113674

魅惑の蘭事典
～世界のオーキッドと秘密の物語～

Orchidées
extraordinaires
Légendes et croyances

仏語監修
フランソワーズ＆フィリップ・ルクフル

日本語監修
江尻宗一

Orchidées extraordinaires
Légendes et croyances

© First published in French by Rustica, Paris, France - 2018
© 2018, Rustica Editions, Paris

Sous la direction scientifique de Françoise et Philippe Lecoufle.
Texte de Nathalie Cousin et Valérie Garnaud.
Direction éditoriale : Élisabeth Pegeon
Suivi éditorial et iconographie : Julie Parpaillon
Direction artistique : Julie Mathieu
Création graphique : Laurent Besson
Mise en pages : Florie Cadilhac
Direction de fabrication : Thierry Dubus
Suivi de fabrication : Gwendoline da Rocha
Gravure : Turquoise
Achevé d'imprimer en mars 2018 par Dimograf (Pologne).

This Japanese edition was produced and published in Japan
in 2020 by Graphic-sha Publishing Co., Ltd.
1-14-17 Kudankita, Chiyodaku,
Tokyo, 102-0073, Japan

Japanese translation © 2020 Graphic-sha Publishing Co., Ltd.

Japanese edition creative staff
Editorial supervisor : Munekazu Ejiri
Translation : Hanako Da Costa Yoshimura
Text layout and cover design : Tomomi Mikozawa
Editor : Saori Kanasugi
Publishing coordinator : Takako Motoki (Graphic-sha Publishing Co., Ltd.)

ISBN978-4-7661-3422-3　C0076
Printed in China

蘭ってこんな花！

→ ドーサル（上萼片）

→ ペタル（花弁）

→ 蕊柱（ずいちゅう）

→ リップ（唇弁）

→ セパル（萼片）

→ バルブ

花の形はすべて左右対称。雄蕊と雌蕊が合体して、蕊柱という1つのパーツになっている。

蘭の花の形は多種多様！複雑な色や形状をしていて、観賞価値も高く、品種改良がどんどん進んでRHS登録品種は17万品種を超えるほど！

花弁の一枚は、他のものより大きく特徴的な形をしていて、リップ（唇弁）と呼ばれる。

一部の蘭が持つバルブ（偽球茎）は、茎の一部が肥大して栄養を貯めておく貯蔵庫。

蘭は大きく分けると

単茎性…1本の茎が成長して葉をつけ、主茎の軸に花をつける。
複茎性…毎年新芽が出て、その茎が成長して花をつける。
バルブと呼ばれる偽球茎をつけるものが多い。

また蘭は、土中に根を下ろす**地生蘭**と、木の幹や岩肌に張り付いて育つ**着生蘭**（あるいは岩生蘭）の2つに分けられ、着生蘭の根は常に空気中に露出しており、雨や霧の水分を吸収している。

目次
SOMMAIRE

美しい蘭カタログ

もっと知りたいあなたのために

はじめに
PRÉFACE

　私たちの周りには蘭があふれています。特に胡蝶蘭は、2000年代の初めに店頭販売やガーデニングで大人気となったので、プレゼントにもらったり、贈ったり、栽培に挑戦した経験がある人も少なくないでしょう。

　20年も前のこと、ある友人は「胡蝶蘭は蘭を凌駕してしまうよ」と言いました。これには一理あって、現代では蘭といえば胡蝶蘭のことを指すようになり、2つはほぼ同じものと考えられています。柔らかな色合い、種から成株へと進むときの驚くべき成長の速さ、室内環境への適応能力、長い開花期間などを兼ね備えた胡蝶蘭は、蘭の代表格としての地位を確立しました。

　そんな胡蝶蘭は素晴らしく美しい花ではありますが、蘭の世界はもっとずっと広大で深遠です。

　19世紀、何か月もかけてはるばる船で運ばれてきた美しい花々は、ヨーロッパに熱狂を巻き起こしました。東南アジアからはパフィオペディルム、デンドロビウム、バンダ、シュンラン、バルボフィラム。アンデス山脈からはオドントグロッサム、オンシジウム、マスデバリア。中央アメリカからはレリア、リカステ。

マダガスカルからはアングレカム、エランギス、シンビディエラ。驚異的な美しさを備えたこれらの蘭は、少しずつヨーロッパに順応し、栽培され、多くの交配種を生み出しました。

　1960年代には組織培養の技術が確立され、ハワイ、オランダ、アジアに大がかりな栽培施設が設立されました。自然界における新種の発見と並行して新しい品種が生み出され、1981年にはフラグミペディウム・ベッセ（*Phragmipedium bessae*）、2002年にはフラグミペディウム・コバチー（*Phragmipedium kovachii*）などの鮮やかな色の蘭も登場します。

　いつの時代も世界中の蘭の愛好家たちは、情報や花の同定をやり取りし、国際的学会に足を運び、品評会の会場を訪れては受賞した蘭の写真を撮影してきました。ワシントン条約では、これから先の未来の世代でも、地味な蘭から香り豊かな蘭まで、蘭本来のあらゆる種類の美しさと多様さを楽しめるようにと、野生蘭の採取を禁止しています。1973年には各国での売買が規制され、現在、簡単に輸出できるのは組織培養された定番の蘭に限られています。新しく発見された蘭はまず原産国で保護しなければならず、蘭という植物自体の利益を優先して繁殖させることになっています。

　蘭は地球上でもっとも多くの科を誇る花で、その多様性と日進月歩の科学から、今後も多くの意外な発見があるだろうと期待されています。そうした発見は年齢を問わず多くの人を惹きつけ、新たな蘭愛好家を魅惑の世界へと誘うことでしょう。この本が少しでもそうした蘭の発展に寄与することを願うばかりです。

フランソワーズ ＆ フィリップ・ルクフル

なぜ人はこれほどまでに
蘭に魅せられるのか？

*Mais qu'ont donc
ces fleurs pour
fasciner autant ?*

蘭は言わずと知れた大変な人気の花。巷には蘭に関する本が
あふれ、愛好家たちは驚くほどの大金を注ぎ込み、多くのテレビ
番組や展覧会などでもこぞって取り上げられています。「自然界の
貴族」とも呼ばれる蘭の世界は驚異に満ちていますが、まだその
扉を開けたことのない人たちにとっては、こうした現象は常軌を逸
しているようにも思えることでしょう。

でもこの本を手に取ったということは、あなたももしかすると蘭
がお好きなのでは？ まだわからない？ でも読み進めていくうち
に、きっと蘭に対する考えが変わるはず。
　読み終わったときには、もう蘭は、単なる観賞植物ではなくなっ
ていることでしょう！

古代、蘭にはたくさんの象徴が込められていて、歴史において
も特別な位置を占めています。そんな花のためならば、節度や良
識をかなぐり捨てかねない人々も多く存在しました。

　蘭の歴史には情熱と発見、美、共有、象徴が散りばめられて
いますが、同時に死、危険、密売、嫉妬、破壊、汚職もつきも
のです。なぜ蘭はこれほどまでに人々を魅了するのか？　それは、
この花が人々の心を惹きつけてやまない無限の神秘性を保ち続け
る術を知っているからです。そう、まるで本物のスターのように。

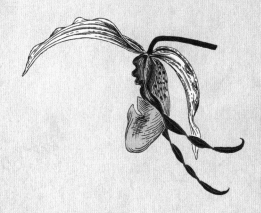

自然の不思議
UNE ÉTRANGETÉ DE LA NATURE

　蘭には驚くほどの順応性と特殊化の能力が備わっています。中には花粉を媒介する送粉昆虫（ポリネーター）がたった一種類しかおらず、その昆虫に合わせて形状を進化させ、環境に完全に順応したものもいるほど。

　あらゆる生物同様、蘭にとっても生き残りこそが最重要事項。けれどもそのためには、自分に適合した送粉昆虫を引き寄せねばなりません。そこで蘭はきわめて多様で高度な、数多くのテクニックを作り上げました。おそらく蘭は植物界でもっとも進化を遂げた科であり、どこか動物的な面も感じられます。

　蘭の花は偽装技術をも駆使し、ハエや蚊やミツバチやマルハナバチのような送粉昆虫の姿を真似ることもあります（例えばオフリス属）。送粉昆虫の雌の姿を偽装し、雄をおびき寄せて受粉を促すということさえやってのけるのです。

　開花した花を見ていると、奇妙な空想が浮かんできます。鳥、人間の姿、トカゲ、布をまとった女性の胸部、カメ、サル、ピエロ、悪魔の顔、ヒキガエル……。花の色も素晴らしく多様で（ただし黒はない）繊細。大

きさも様々で、わずか全長数mmの種がある一方、花序が最大3mにも及び、黄色い花を咲かせる世界最大の蘭、グラマトフィラム・スペシオサム（*Grammatophyllum speciosum*）もあります。どのような遺伝子的働きによりこれほどの多様性を獲得したのか、驚嘆するほかありません。

　多様という点では匂いも同様で、うっとりするような香りもあれば、悪臭に近いものも。匂いを放つタイミングも重要で、送粉昆虫が花粉を集めにやってくる時間に合わせて香りを漂わせます。19世紀には、匂いが充満して頭痛や吐き気を訴えた事例が記録されているほどですから、その強烈さは推して知るべしと言えます。

　蘭はフェロモンを発して虫を惹きつける能力を持つ唯一の植物なのです。

パンゲアから恐竜へ

DE LA PANGÉE AUX DIVNOSAURES

———————◆———————

　専門家によっては、蘭は1億2000年前の白亜紀に生まれたとの説を支持する人もいます。「パンゲア」と呼ばれるかつて存在した超大陸が、いくつもの巨大なプレートテクトニクスに分裂し、少しずつ離れていくにつれ、原生蘭も世界中へ散っていきました。その後原生蘭が進化して、バニラやパフィオペディルムの祖先が出現したと考えられています。

　適応能力の高い種は広い地域に拡散して分布する一方、より特殊な種はあまり移動せず、限られた生息地に留まりました。例えば、カトレアの野生種は本来、中央アメリカや南アメリカにしか生息していません。地球上には、地域によってごくわずかな種の蘭しか生息していないところもありますが、それは氷河期の影響で蘭の発育が妨げられたからだと考えられます。一方、熱帯地域の種は非常に多様で、それはこうした地域が極寒という厳しい気候環境に見舞われなかったためだと思われます。

貴重な頭蓋骨
Un crâne précieux

　ウィリアム・ミコリッツは蘭ハンターの一人です。彼は、19世紀の高名な園芸家ルイス・サンダーから、ニューギニアでのごく特異なミッションを依頼されました。そのミッションとは、何としてでもデンドロビウムを持ち帰ってくること。ミコリッツは比較的スムーズに蘭の群生地を見つけることができましたが、残念なことに船積み後にすべて焼失してしまい、またしても探検に出かける羽目になりました。1回目のときにほぼ取り尽くしたかに思われたのですが、運命が味方してくれたのか、何とか再び見つけることができました。

　デンドロビウムは着生植物*ですが、彼が見つけた株の着生場所は木ではなく、何と人間の頭蓋骨!! 蘭を頭蓋骨ごと持ち出すには、原住民と交渉しなければなりません。交渉の末、ミコリッツは色つきガラス、鏡、銅ワイヤーひと巻きと交換でこの蘭を手に入れました。ただし一つだけ条件がありました。それは頭蓋骨を、祖先を守護する2つの聖なる偶像から離さないこと。結果、イギリスにたどり着いた蘭は競売にかけられましたが、頭蓋骨と2つの偶像がついてきたのだそうです。

*樹木などに着生して成長するが、他の植物からは栄養吸収しない。

1トンの蘭

Une orchidée d'une Tonne

タイガーオーキッド、シュガーケーンオーキッド、ジャイアントオーキッド、オーキッドクイーンなど様々な名前を持つ蘭の学名は、グラマトフィラム・スペシオサム（*Grammatophyllum speciosum*）。ラン科の中でももっとも大きく、もっともボリュームのある花です。タイ、マレーシア、ラオス、ベトナム、インドネシアの島々などアジアの特定の地域に分布し、根は驚くほど頑丈。2〜4年に1度しか開花しませんが、数週間にわたって赤い模様のある黄色い花を咲かせます。その巨大な花は、数百キログラム、場合によっては1トンを超えるものも！1851年にロンドンで開催された万国博覧会の際に、水晶宮（1936年に焼失）に出品された苗はなんと2トンもの重さでした。

蘭の揺籃の地アジア
ぶうらん
ASIE, BERCEAU DE L'ORCHIDÉE

今でこそ世界各地に分布する蘭ですが、何といってもアジアが合っているようで、現在少なくとも7000種の蘭が確認されており、マングローブや熱帯林、石灰質の断崖、ヒマラヤの斜面で生息しています。蘭を愛好する習慣も中国から始まりました。

蘭は中国ではごく早くから、園芸、医学、詩、文学、絵画、書道において特別な花とされてきました。植物全般、特に蘭に関する最初の資料として知られている書物は、何と紀元前2800年の皇帝、神農*によって書かれたとされています。紀元前6世紀の孔子も、蘭の美しさと香り高さを称賛しました。当時からすでに、蘭は完璧さと純粋さを表す花で、古代中国では春や春の祭典と結びついていました。陳という地方では、若い男女がグループになって蘭を摘みに出かけ、歌合戦や恋愛ごっこを楽しみ、別れの時間になると、愛の印に1輪の花を贈り合いました。若者たちは蘭の持つ神秘の力を利用して、邪気を除け、高尚な魂を呼び寄せていたのです。

*中国の伝承に登場する農業神。医療と農耕術を教えたとされ、新農大帝と尊称される。

中国では高貴な友情を表すのに、しばしば蘭を、絶壁やサクラ属の花、竹と共に描きます。中国語の「蘭」という字には、「よい香り」「エレガント」「人を惹きつける」という意味もあります。このように様々な意味が詰め込まれた蘭は歴代王朝の象徴となり、日本では特に武士・「侍」に愛されました。

江戸末期以降19世紀の日本では、
稀少な蘭のお値段は
庭つき邸宅の価格にも匹敵！！

バニラの効用

*Les vraies vertus
de la vanille*

　何世紀も前から、バニラにはたくさんの効用があるとされ、医学的影響についての研究がなされてきました。2004年に国際的医学誌『ペディアトリクス』に発表された、CNRS（フランス国立科学研究センター）とストラスブールのオートピエール大学病院との共同研究によれば、バニラの香りは保育器の中の未熟児の呼吸に作用して、呼吸リズムを上げるとのこと。保育器に24時間バニラの香りを放つことで、無呼吸を平均36％減らすことができ、特に重度の徐脈を伴う深刻な無呼吸を45％減らすことが可能とされています。抗酸化作用のあるフェノールが含まれているため、細胞の老化防止にも効果が期待されます。細菌は凝集によって成長し、環境バランスを壊し、伝染しますが、バニラエキスはこの凝集を抑える働きもします。

スーパー催淫剤
UN SUPER-APHRODISIAQUE

━━━━━━◆■◆■◆━━━━━━

　古代ギリシャの哲学者テオプラストスは、蘭の波乱の歴史において重要な人物。紀元前371年頃に生まれ、アリストテレスに師事し、植物学や博物学を専門としていました。蘭に初めて公式名を付けたのもテオプラストスで、ヨーロッパの地生蘭の茎の基部の二つの塊茎（バルブ。1つはその年の、もう1つは前年のもの）の形状にちなみ、ギリシャ語で「オルキディオン（睾丸）」、ラテン語で「オルキス」と命名しました。錬金術師でもあった彼は啓示理論──植物や石には治療力があり、それは形状や様子に表れるという説──を唱えました。これらを総合すれば導き出される結論は明らか。蘭は性の分野で治癒力を発揮することになるのです。

　1世紀中頃には、植物やその治癒力に深い興味を抱いていたギリシャの医師ディオスコリデスが『薬物誌』を記し、以後1500年以上にわたってこの分野を代表する書物と目されました。この書の中では様々な蘭について言及されていますが、とりわけプリアピスコス（サテュロス）とも呼ばれるオルキス・イタリカ（*Orchis Italica*）は形が人体に似ていて、塊茎の形状からして性の悩みにいかにも効用がありそうです。

ここまで来れば蘭が精力に結びつくのは自然の成り行きで、以後何世紀にもわたり、その効用が信じられてきました。蘭の根を乾燥させてワインに入れたり、蘭で直接体（足など）をこすったりすると精力が増すとか。ギリシャ人が蘭を効果絶大の催淫剤としたことは、後世に大きな影響を及ぼしました。蘭は魔力を持つとされ、崇められ、人々は必死に探し求め、盗み、過剰消費し、大量に摘み取ったのです。

DIOSCORIDE ARBORISTE

中世の人々が信じた
蘭の魔力

CROYANCES MAGIQUES
DU MOYEN ÂGE

———————◆◈◆———————

　中世の人々は植物に秘められた象徴や神秘性に心惹かれ、その後のル
ネサンス時代や啓蒙思想が勃興した18世紀に入っても、自然が作り出した
この不思議な花に夢中になりました。民間信仰、魔術、迷信、儀式が盛
んだった中世、人々は古代の資料、とりわけテオプラストスやディオスコリデ
スの書物から様々な処方を拾ってきては、調合していました。何世紀もの間、
地生蘭（オルキス属）の塊茎（バルブ）は、性や生殖に関連する病気の特
効薬と考えられ、人々は秋になると蘭を摘んで塊茎を粉にし、様々な飲み薬
にしていました。これらは男性の精力や女性の繁殖力を増すための愛の秘
薬だったのです。

甘い香りと嫌な匂い

Doux parfums et puanteurs

　蘭の繁殖戦略は送粉昆虫を惹きつけること。目的達成のために
は手段を問わず、驚くほどあらゆる創意工夫を見せます。秘密兵
器の一つが香りで、レモン、バニラ、シナモン、クローブ、コショ
ウ、ライラック、百合、スミレ、オリーブオイル、マッシュルーム、藤、
ミモザなど、ありとあらゆる香りを放ちます。

　種によっては、見た目は美しいのに匂いが残念なものもあり、と
きには腐乱死体のような匂いを放つものまで！ こうした技巧の狙
いは、ずばりハエです。

マチュ・ピチュ
高地の蘭保存園

Le Machu Picchu,
conservatoire perché

　インカ文明が花開いたマチュ・ピチュは、文化的にもたいへん重要な都市ですが、実は植物の多様性にも大きく貢献しています。地域の固有蘭の調査・保存のための施設があり、遺伝形質を保存し、火災や自然災害で被害を受けた地域への植栽を行っているのです。近年までその存在すら知られていなかった種も新たに発見されているほか、植物観察ツアーも開催されており、息を飲むような絶景の中で見る蘭はまた格別です。

探検家が見つけた奇妙な花

QUAND LES EXPLORATEURS DÉCOUVRENT DE DRÔLES DE FLEURS

　ルネサンス時代になると、探検家による世界各地の発見が始まります。コロンブス、マゼラン、コルテス、さらに18世紀にはクックやブーガンヴィルといった大物探検家が危険に満ちた旅に乗り出し、未知の海や陸地を訪れました。

　中でもクリストファー・コロンブスは、バハマのサン・サルバドル島で発見した植物を記述した最初のヨーロッパ人で、これらの植物はのちに着生蘭と呼ばれることになります。こうした探検家の船には、あらゆる種類の冒険家、宣教師、兵士、医師、植物学者が乗り込み、特に植物学者は現地の植物を思う存分採取し、デッサンし、記述し、リスト化しました。命名に際しては、たいてい現地名を採用しました。ただ、できる限りの植物を船に積み込んでも、船旅は長く危険で、淡水は貴重品。壊血病*が蔓延し、嵐のせいで船酔いが続出しました。その上、ネズミが植物や種子、植物標本を食い荒らしてしまいます。生き延びて、無事海の彼方へたどり着くことのできた蘭はほんの一握りでしたが、その存在自体が別世界の存在を知らしめる稀少な証左となりました。同じ種に属していることが認知されなかった複数の植物もあれば、バニラのように本来の価値が理解されなかった植物もありました。

*ビタミンC不足が原因で皮膚や骨、血液に異常が出る病気。

美味しい蘭

カルマは食べることのできる蘭*。

軽くて淡い味わいで、爽やかで歯ごたえがあり、

冷やしたり、そのままでサラダやカクテル、

デザートに使ったりします。

オランダやタイで栽培されており、

フランスではパリ近郊の

ランジス中央市場ではもちろん、

パリのデパートや高級食材店でも販売されています。

*カルマ：デンドロビウム・ファレノプシス(*Dendrobium phalenopsis*)に属す
エディブルフラワー。

バニラ 〜ヨーロッパに
最初に持ち込まれた蘭

VANILLE, PREMIÈRE ORCHIDÉE
IMMIGRÉE D'EUROPE

バニラはヨーロッパに初めて持ち込まれたアメリカ大陸原産の蘭。アステカ人は、長年にわたって現在のメキシコに当たる一帯で、「黒い小粒」と呼ばれるこのつる植物の蒴果（さくか）を飲み物の香りづけに使ったり、カカオ豆と混ぜて潰してかなり苦い飲み物を作ったりしていました（これがのちのチョコレートにつながります）。世界を巡ったスペイン人探検家コルテスは、皇帝モクテスマ*に勧められ、このカカオバニラを口にした初めてのヨーロッパ人でもあります。16世紀初頭、彼は素晴らしい香りのするこの不思議な植物のさやをスペイン国王カルロス1世に献上しますが、そのほかのたくさんの貴重な宝物やコンゴウインコの羽を使った装身具に埋もれて、顧みられることなく忘れ去られたままでした。

いずれにせよ19世紀になるまで、バニラ栽培には大きな課題がありました。バニラの授粉に働くミツバチはメキシコにしか生息しておらず、他所では授粉ができないのです。そのため当時、バニラはすべて輸入品でした。しかしレユニオン島で奴隷として働かされていた12歳の男の子が手作業で授粉に成功し、この問題は解決へと向かいます。

*15〜16世紀にかけてメキシコ中央部で栄えたアステカ帝国の大帝。

蘭はその気質からしても習性からしても女性だ。

人間が現れる数百年前から、

すでに蘭は、誘惑において化粧と装いがいかに

重要かを知っていたのだ。

ジャン＝マリー・ペルト

『恋する植物：花の進化と愛情生活』

永遠にミステリアスな蘭

DES FLEURS QUI GARDENT LEUR MYSTÈRE

———————◆◆◆◆◆◆————————

　18世紀初頭、長く苛酷な船旅を生き延びることができたエキゾティック植物はごくわずかでした。せっかく到着しても、温室栽培に耐えられず、そのほとんどが枯れてしまいました。こうした植物は生息環境を無視され、無造作に持ってこられていたのです。人々は熱帯地域の植物には——たとえそれが寒冷な高地で採集された蘭であっても——、高温多湿の環境が必要だと考え、なるべく温かい環境にしようと、温室の換気を切り、室温を思い切って上げ、泥炭のたっぷり入った鉢に植えました。船で送られてきたたくさんの蘭のうち、たった1株でも生き残れば幸運な方です。愛好家や植物学者の中には種子から育てようと試みた者もいましたが、失敗に終わりました。崇拝者たちを前に、蘭は頑なにその秘密を守ったまま。最終手段として株分けをして増やそうとしましたが、愛好者の数は増え続ける一方、とてもその需要に追いつくことはできませんでした。

蘭よ

蘭の香りのするこの風はどこから来るのか

この風のためだったら、春の寒さにも立ち向かおう

花を買うお金のない私は

紙に1輪描いてみる

茎に1輪だけ咲く孤高の花

哀れに思う者はいないけれど

私の描いた花は

冷たい風も激しい雨も恐れない

馬湘蘭（中国・明の時代の歌人）

ダーウィンの予言
LE FLAIR DE DARWIN

　ダーウィンはイギリス、ケント州の田舎で蘭の観察をしていました。また世界中から送られてくるさまざまな種にも興味を持ち、温室で育てました。当初彼にとって、こうした植物は自らの唱える「進化論」を裏付けるための道具に過ぎませんでしたが、気がつくと蘭の虜になっていました。キュー王立植物園 [以下キュー植物園] の園長にも、「これまで、蘭ほど私の興味を引いた研究テーマはない」ともらしています。

　ダーウィンは1859年に『種の起源』を発表し、3年後の1862年には蘭の受粉に関して、「昆虫を介した蘭の受粉と良好な交配結果」と題した重要な研究を公表しました。同じ年、マダガスカルの知り合いから荷物が届きました。それは素晴らしく大きな蘭の花で、蜜腺をたっぷりと含んだ距*は30cmもの長さがあります。ダーウィンの胸にふと疑問がわいてきました。花粉を媒介する虫たちをおびき寄せるための密腺がこんなに長く、深いところにある。この植物はどのように繁殖するのだろう？　そう考えたダーウィンは、この距から蜜を吸い上げられる、同じくらいの長さの吻管を持つ蛾が存在すると仮定します。つまり、マダガスカルには25〜27cmという驚異的な長さの吻管を持つ夜行性の蛾がいるはずだと推定したのです。蜜腺に到達できて、前額が蘭の花

粉を含む部分を圧迫するには、これくらいの長さが必要です。この仮定は当時の科学界では一笑に付されましたが、40年後の1903年、ついに、まさにダーウィンが予言した通りの吻管を備えたスズメガが発見されました。キサントパンスズメガ（*Xanthopan morganii praedicta*、「予言された蛾」の意）と名付けられたこの蛾が、巨大な蘭（アングレカム・セスキペダレ *Angraecum sesquipedale*）の受粉を担っていることが確認されたのは、1997年に入ってからのことでした。現在でも、どの植物の受粉にどの生物が働いているかを突き止めるには長い時間と根気が必要です。

*花冠や萼の基部が細長く伸びた管上構造で、内部に蜜を貯めている。

最初の蘭

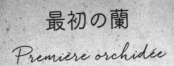

琥珀のかけらの中に閉じ込められていたミツバチ。その胸部には蘭の花粉がついていました。

2000年、ドミニカ共和国の鉱山で発見された史上初の化石花粉は1500万年から2000万年前のもので、大変良好な状態で保存されていました。この花粉によって発見された蘭、メリオルキス・カリベア（*Meliorchis caribea*）は、植物と動物や昆虫との関係の長さを物語る証でもあります。

私は花が好きだ。

花としてではなく、

物質的で快いものとして好きなのだ。

（中略）

私がよく入るのは蘭の部屋で、

眠気を催させてくれる蘭を気に入っている。

部屋は低くて、息苦しい。

この奇妙な娘たちは、

灼熱の不衛生な沼地からやってきた。

人魚のように魅惑的で、毒のように死をもたらし、

素晴らしく風変わりで、神経を逆立たせ、

ぞくりとさせる。

ギ・ド・モーパッサン『ある離婚』1886年

オーキッドマニア
蘭を巡る熱狂

UNE FIÈVRE NOMMÉE
ORCHIDOMANIA

◆◇◆◇◆

　ヨーロッパでは長い間、熱帯地域に生息する蘭は稀少な存在で、その価値も理解されていませんでした。しかし、徐々に人々の興味が高まり、最終的には凄まじい熱狂が起き、19世紀末から第1次世界大戦の頃にかけて、オーキッドマニアと呼ばれる社会的現象を巻き起こしました。蘭に魅了され、征服され、熱狂したヨーロッパ人たちは、見事であでやかでエキゾティックな花を所有したいと夢見ました。蘭は別世界、豊かさ、稀少さ、高貴さのシンボルであり、贅沢や裕福さの表れと見なされるようになります。世界の果てから運ばれてきた宝物。旧世界の人々は競うように、大変な高値で蘭を買い求めました。

　イギリスのキュー植物園やパリの国立自然史博物館のような植物関係の大施設には、巨大な温室が建てられました。パリのリュクサンブール公園の植物園は、1838年にブラジル皇帝付きの医師から送られてきた植物群をもとに、貴重な標本コレクションを作成しました。イギリスやベルギーでも、裕福な愛好家たちが素晴らしい温室を建てました。熱帯植物専用に設計された温室の主役は、もちろん蘭。庭師たちは美しい熱帯植物を定着させようと

手を尽くし、ナーセリー（農園）ではたくさんの人が立ち働いていました。ボイラを動かす人、建具師、職人を補佐する見習い、植物を世話する栽培責任者、いつ見学者が来てもいいように毎朝銅製のドアノブを磨き上げて、濡れた床を掃除する新人など、本当に多くの人が。

　イギリスで蘭の王様と呼ばれる園芸家、ルイス・サンダーのナーセリーには複数の温室があり、その中の1つは16000平方m以上もの広さを誇っていました（サンダーは、有名な蘭ハンター・レーツル〔p.48参照〕から蘭を購入していました）。約100名もの職員が巨大な温室で立ち働き、私設の鉄道が引かれ、ロカイユと呼ばれる貝殻などを模した石の装飾や池、滝が配された空間で熱帯植物が栽培されました。富裕層の愛好者が増え続け、供給を優に上回る需要を受けて、大規模な園芸企業が設立されました。そうした企業は顧客の要望に応えようと、金に糸目をつけず、直接生息地から株を買いつけるようになります。植物園や裕福なコレクターにならって、園芸企業までが垂涎の的である蘭を求めて、こぞって世界の果てに向かう調査隊に出資しました。

蘭ハンター

LES CHASSEURS D'ORCHIDÉES

　このような状況のもと誕生した蘭ハンターは、ハイリスク・ハイリターンで、きわめて不安定かつ危険な職業でした。彼らの使命は、南アメリカや極東、その他の人を寄せ付けない地域を駆け巡り、なるべく多くの種類の蘭をかき集めてくること。一攫千金の夢に突き動かされた彼らは、未踏の過酷な地に踏み込み、暑さにあえぎ、蛭や虎、呪術を行う原住民に悩まされながら、旅を続けました。巨大な蛇の住む密森を切り開き、ワニや狂暴な魚がうようよする池や川を何時間も歩きました。何人の人が帰ってこなかったことでしょう。彼らは蘭を手に入れたいがために、恐怖や病気、熱病、虫や蚊、そして蘭の根元に巣を作り、激痛を引き起こすヒアリに立ち向かいました。荷物持ちや案内人として現地人を雇いましたが、彼らに森の中に置き去りにされることも。部族と取引し、蘭とビールの空瓶を交換することもありましたが、命を取られることもありました。蘭が群生する地点を見つけると、しらみつぶしに掘り起こし、できるだけ多くの株を入手するために木を伐採することも珍しくありませんでした。ヨーロッパでの蘭の熱狂は留まるところを知らず、ハンターたちへのプレッシャーも強まりました。競争は蘭の価格高騰を引き起こし、ハンターたちは貴重な蘭を発見するとこれを独占しようと、その地点を燃やしてライバルが蘭を手に入れるのを妨害しました。船に積み切れない蘭を燃やし

たり、ライバルをまくために偽のヒントを残したりすることさえあったのです。

ゴールドラッシュ

LA FIÈVRE DE L'OR

　当時、ヨーロッパの港に帰還したハンターと蘭は英雄のような歓迎を受けましたが、現在となっては彼らについての記録はほとんど残っていません。愛好家や販売会社、大規模なナーセリー（農園）や植物園の担当者たちが首を長くして待ち構えていて、船が到着するや一斉に群がります。その様はまさにゴールドラッシュ。イギリスでは毎週のように大競売会が開催され、到着したばかりの貴重なロットや標本が販売されました。人々は未知の新種を入手しようと値段を吊り上げ、目のくらむような額に跳ね上がることも。彼らはひたすら蘭を所有したいと望み、金に糸目をつけませんでした。販売会社はカタログを作成し、展示会を開催し、学会が設立され、専門誌が創刊されました。

　園芸家や植物学者たちは徐々に、これらの蘭の生育環境に目を向け始め、ハンターたちは蘭を採取するごとに、気温、湿度、光度、地質など詳しい情報を収集するようになります。19世紀半ばに差しかかる頃には、種についての知識が蓄積し、ようやく栽培方法が明らかになり始めました。栽培者たちは、着生蘭をハンギングバスケットに植え替え、換気システムを設置して、温度を下げ、光を取り込むなど、その蘭に適した栽培に手を尽くすようになりました。

ナーセリーは顧客の要望に応えて、育てやすい交配種の開発に取りかかります。こうして蘭は大品評会の主役となり、数々の賞を受賞し、栽培や交配作業の努力が報われました。

侍の蘭

侍の国、日本原産のフウラン（*Neofinatia falcata*）。
長い間、この白くて軽やかな愛らしい花は、"侍の蘭"と言われてきました。フウランは力と高貴さを表し、武士・「侍」のみが所有を許されていたのです。時代が下ると、人気が沸騰して、手が届かないほどの高値がつくようになりました。

ようやく明らかにされた秘密

DES SECRETS ENFIN DÉVOILÉS

———◆■◇■◆———

　何世紀もの間守られてきた蘭の発芽の秘密は、ようやく明らかになり始めました。

　新芽に必要な栄養分は種子ではなく、微細菌類から補給されます。フランス人学者ノエル・ベルナールによるこの発見（1904年）に、蘭の専門家たちはどよめきました。数年後、アメリカでルイス・ナドソンはこうした菌の助けを借りずに、発芽に必要な栄養分を届けるグルコースベースの溶液を開発しました。

　以降、蘭は世界中のあらゆる層に普及していきます。

　しかし、第1次世界大戦と共に熱狂は冷え込み、ヨーロッパのコレクターたちはコレクションの破損を恐れて、選り抜きの株をアメリカやオーストラリアのバイヤーに譲りました。第2次世界大戦で、蘭業界におけるヨーロッパの優位は崩れ、カリフォルニアやフロリダ、オーストラリアなど、より蘭栽培に適した気候地域で大型ナーセリー（農園）が台頭します。大規模生産者に代わり小規模生産者が、手入れしやすく、中産階級にも手の届きやすい品種の販売を始めました。

さらなる新種

ENCORE DE NOUVELLES ESPÈCES

　現在でも新種の発見は続いており、ニューギニア、インドネシア、南アメリカの未開発の原始林では、知られざる蘭が見つかっています。集約農業*では、耕作地を広げてパームオイル用のヤシの木を植えるために森が燃やされますが、植物学者たちには伐採前の森に入り、標本を採取することが許されています。採取される蘭は、絶滅寸前であることも珍しくありません（生息場所が2～3平方kmと極小の場合もあります）。

　2011年、パプアニューギニアでオランダ人学者によりごく特殊な蘭が発見されました。バルボフィルム・ノクトゥルヌム（*Bulbophyllum nocturnum*）と呼ばれるこの蘭は、夜しか咲かず、午後10時ごろに花開き、翌朝には枯れてしまいます。植物学者たちもその開花戦略に当惑気味で、いまだ多くの謎が残されたままです。この蘭の生息地域は、主に森林開発が原因で消滅の危機にあります。

　2012年には、スペインのヴィゴ大学の調査団により、キューバでカリブ地域の固有種が2つ——テトラミクラ・リパリア（*Tetramicra riparia*）とエンシクリア・ナヴァロイ（*Encyclia navarroi*）—— が発見されました。

*資本や労働力を大量に投下して、単位面積あたりの収益を上げる農業形態のこと。

種子バンク

DES BANQUES POUR
LES SEMENCES

　2000年代に入ると、イギリスのキュー植物園が約80か国と連携して、ミレニアム・シード・バンク・プロジェクトを立ち上げました。イギリスのみならず、世界各国のあらゆる固有種の研究・栽培・再導入を目的として、採取・保存を行っています。

　現在確認されている植物種の13%が保存されており、2020年までに25%達成を目指しています。採取された種子は、洗浄、X線撮影、計測され、サセックス州のウェイクハースト*の施設で、マイナス20度で冷凍されます。すでに絶滅した種も含む非常に貴重な資料であり、厳重に管理され、定期的な検査を受けています。将来を担う施設でもあり、非営利団体として門戸を開き、研究・再導入を目的とするほかの認可組織にも種子を分けています。

*ウェイクハースト・プレイス・ガーデン：キュー植物園が分室として管理する広大な庭園。

クラカタウの再生

*Orchidées pionnières
sur le Krakatoa*

　蘭の種子はごく細く、軽く、小さいため、驚くほど長時間、空を漂っています。1883年に数千人もの犠牲者を出し、あらゆる生物の命を奪ったクラカタウの大噴火*後にも、島に飛来してきたほど。インドネシアの研究所やアメリカの研究者の調査によれば、蘭は荒廃した島に最初に定着した植物の一つだったとか。

*インドネシアのジャワ島とスマトラ島の間にある火山島群で起こった大噴火。広範囲の津波被害や地球規模での気温変化などが起こった史上最大規模の災害。

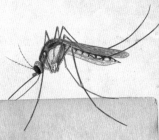

虫よけ蘭!?

Orchidée
anti-moustiques !

アメリカの湿地帯にはプラタンテラ・オブツサタ
（*Platanthera obtusata*）と呼ばれる種があり、この地
域に多く生息するヒトスジシマカという蚊が送粉していま
す。

2016年初めには統合・比較生物学会（SICB）の会
合で、アメリカの研究者たちの手によって、この蘭の匂
い成分は人間には感知できないが、蚊の触角を電気的
に刺激して引き寄せること、また人体が発する物質と同
じ物質を発していることが明らかにされました。それな
らば、この蘭が発する化学物質を含んだ餌を仕掛ける
ことで、いまいましい蚊の攻撃に悩まされない日が来る
かもしれません！

中国の蘭ハンターたち

DERNIER CHASSEUR
D'ORCHIDÉE EN CHINE

2015年に放送されたドキュメンタリー『知られざる中国、最後の蘭ハンターたち』は、中国の蘭ハンターたちの特集でした。彼らの伝統的な活動に焦点を当て、道教の起源の地とされる江西省龍虎山で蘭を探す最後のハンターたちに密着取材したのです。蘭ハンターは代々受け継がれてきた職業ですが、危険でもあるため、もはや後継者はいません。乱獲と公害が原因でごく稀少となった蘭は、山岳部の日の当たらない断崖絶壁に生息しています。ハンターは何時間も森の中を歩き、自分で作った縄だけを頼りに急峻な岩場を探索しなければなりません。成果がゼロのときもありますが、4.5グラムの蘭に900ユーロ*の値がつくこともあるというのですから、いくつかでも見つけられれば生計を立てていくのに充分です。彼らは自然環境に生息する蘭を摘み取っていましたが、2011年以降は収穫分の半分を定植して育て、栽培した花を販売したり、断崖に生息する若い株を自分の土地に植え替えて育てたりしています。

*約108,000円（1ユーロ＝約120円、2020年7月現在）

狐の睾丸アイスクリーム

Crème glacée aux Testicules de renard

　アメリカ生まれの旅行作家エリック・ハンセンは、蘭の売買、特に不法取引について記した本の著者ですが、サレップを使ったトルコの伝統的アイスクリームのレシピも紹介しています。*

　サレップは「狐の睾丸」とも呼ばれる蘭の球根から抽出された成分で、粉状にして使います。サレップのホットドリンクもあり、シナモンで香りづけするのが定番です。鬱に効き、難産を防ぎ、手足の震えを抑え、恋の病も治してくれるとか。村人たちは球根を洗浄し、お湯に浸して柔らかくしてから、皮をむきます。その後数珠つなぎにして1週間日干ししてから粉にして、アイスクリーム製造者に販売します。

　トルコのアイスクリームと言えば、粘り気があって伸びるアイスとして日本でも有名ですが、これはデンプンが主成分のサレップの性質によるもの。現在では、本物のサレップの代わりに増粘剤や香料が使われることがほとんどですが、トルコに行けば本物に出会えるかもしれません。

*『ラン熱中症－愛しすぎる人たち』（NHK出版、2001年）より

蘭の粉（サレップ）

沙糖

牛乳

必要に応じて香料

作り方

1. サラダボールで材料を合わせ、冷蔵庫に入れる。

冷えたらしっかりと攪拌し冷凍する。

2. トルコのアイスクリームはどっしりとして弾力があるのが特徴。

伝統的な食べ方では、お皿に盛って、ナイフとフォークでいただく。

蘭ハンター界のプリンス
レーツル

Roezl, le prince
des chasseurs

氏：レーツル
名：ベネディクト
生年および出生地：1823年、ボヘミア
職業：庭師、植物学者、冒険家、蘭ハンター

　ベネディクト・レーツルは恐れや疲れを知らぬ蘭ハンターで、蘭の歴史に名を残す傑出した人物です。若いときにジュース製造用粉砕機の事故で片手を失いましたが、その後19世紀でもっとも成果を上げた蘭ハンターの1人に数えられるまでになりました。40年間、熱帯地域を縦横に探索し、鉤のついた義手をフルに活用して植物を採取したのです。蘭を含む数百もの植物種を発見した彼の、ヨーロッパへ送り出す貨物はあまりにも大量だったため、容量ではなく重量で送料を算出したほど。ときには10トンに達することもあったそうです。1885年にプラハで没しましたが、現在町にはカトレアを手にしたこの冒険者の像が立っています。

アール・ヌーヴォーの
ミューズ

UNE MUSE POUR L'ART NOUVEAU

———————❖———————

　アール・ヌーヴォーを牽引したナンシー派*。その中心人物エミール・ガレとルイ・マジョレルは植物からインスピレーションを受け、彼らの作品はヨーロッパ各地で発展したアール・ヌーヴォーに大きく貢献しました。植物にヒントを得て創作活動に励んだ2人は、1889年の万博博覧会で賞を受賞しています。

　エミール・ガレはガラス職人、陶芸家、家具職人でしたが、若い頃から植物への造詣も深く、故郷ロレーヌ地方を飽くことなく歩き回って地生蘭を夢中で探しました。蘭を熱愛し、この神秘的な花の起源や繁殖法、進化の過程を詳細に研究し、ついには自らの作品に取り入れたほど。そんな彼にとって、交配種に自らの名がつけられたことは大変な栄誉でした（レリオカトレア・エミール・ガレ Laeliocattleya Émile Gallé）。この交配種は、現在リュクサンブール公園の温室で栽培されています。

　一方、ルイ・マジョレルはマホガニーやブロンズに柔らかなフォルムを施し、贅沢な家具で蘭の世界を表現しました。

*19世紀末から20世紀にかけてフランス東部ナンシーを中心に展開した芸術家たちの一流派。植物文様などの有機的なモチーフを取り入れた自然主義的な表現が特徴。

ゲランの蘭研究所
L'ORCHIDARIUM DE GUERLAIN

2006年、フランスの老舗フレグランスメゾン・ゲラン（GUERLAIN）は新製品「オーキデ・アンペリアルシリーズ」を発表しました（オーキデ・アンペリアルはインペリアル・オーキッド"皇帝の蘭"の意）。

10年は肌が若返るというアンチエイジング製品で、厳選した蘭から抽出したE.M.O.Iという分子成分が使われています。2000年代、ゲランはオーキダリウムと呼ばれる蘭総合研究所を設立。3つの拠点に分かれており、スイスの実験的ガーデンでは研究者たちが世界中の蘭を栽培し、開花や成長についての研究を進めています。中国の雲南省では自然環境で蘭を栽培、再導入しています。さらにフランスの基礎研究所では、蘭のフィトケミカル物質（植物栄養素）を研究し、特に蘭の長寿メカニズムや化粧品としての効能に注目しています。

宙に浮いた根っこ
Filles de l'air

　長い間、植物学者たちは着生蘭が木に巻きついて
成長する様子を観察し、寄生植物同様、蘭も木から
養分を吸収していると考えていました。しかしこの美し
い熱帯植物は、必要な栄養素を空気中から直接取り
込んでいるのです。根は宙に浮いていて、蜂巣状組
織に包まれています。これは根被と呼ばれる一種の
膜のようなもので、白くやや光沢があり、フェルト状
になっていて、雨や朝露、霧の水分を最大限吸収す
ると同時に、干ばつ時には断熱の役割を果たします。
花びらがカップ状になった種もあり、有機物質を取り
込んで養分にしています。

ラガーフェルトの蘭

L'ORCHIDÉE DÉFILE
CHEZ LAGERFELD

2014年にミラノのファッション・ウィークで開催されたフェンディ（FENDI）の2015年春夏コレクションのショーの主役は蘭。シルヴィア・ヴェントゥリーニとカール・ラガーフェルトがデザインを手がけ、蘭をモチーフにしたサテンや刺繍、ヘアスタイル、レザーやミンク、ニット、ファー、3Dデザインが披露されました。その凝りようといったら、招待状にも蘭が添えられたほどだったとか。

いまだ多くの謎を残す蘭

ENCORE DES MYSTÈRES...

———————◆◆◆◆———————

1965年、マダガスカルの中心に位置する高温乾燥地帯の丘陵で、40cmの長さの距（花蜜の入った管）を持つアングレカム属の蘭（*Angraecum eburneum longicalcar*）が発見されました。

ダーウィンが巨大蘭を観察したときのように（p.30参照）、植物学者たちはこの蘭に見合う長い吻管を持つ生物を探しました。37cmの吻管を持つ夜行性の蛾の可能性が高いのですが、現在のところそうした形状の生物は見つかっておらず、謎は深まる一方です。

しかもこの蘭は、もはや数十しか生息が確認されていません。ダーウィンのときのように、いつの日か送粉昆虫が見つかるのでしょうか。それとも謎は残されたまま、絶滅する運命にあるのでしょうか。

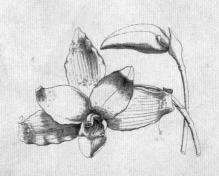

ロイ・フラーのダンス

La danse
serpentine
de Loïe

　ロイ・フラーは19世紀末にヨーロッパで一世を風靡したアメリカ出身のダンサーで、パリの社交界は競ってミュージック・ホール、フォリー・ベルジェール*へと通い、彼女のダンスを堪能しました。彼女のダンスの特徴ともいえるのは、布をひらめかせた大胆な踊り。大きく広がった布が軽快にはためくさまは、まるで舞台に大輪の花が咲き誇っているかのようでした。美しい色合いのサテンのロングドレスをまとったロイは、大ぶりな袖を羽のようにはばたかせて、蛇の動きや蘭の美しさを表現しました。

*フランス・パリのミュージック・ホール。マネやロートレックの画題になるなど、パリのナイトシーンを代表する伝説的ホール。

夜も眠れなくなるような
蘭ハンターの物語

CHASSEURS D'ORCHIDÉES,
A LIRE TOUTE LA NUIT !

　アマゾン川沿いに広がる森は野蛮で、力と暴力と残酷さが支配する無情な世界。霧と有毒ガスに包まれ、伝染病がはびこり、ぬかるみだらけで、ピラニアや大蛇、毒蟻などの毒を持つ野生動物が待ち構え、毒矢を持った首狩り族が横行しています。

　蘭を求めてそうした森へ向かう冒険者たちの物語には、ワクワクドキドキがいっぱい。蘭ハンターたちは無慈悲な森を切り開き、野生の蘭の群生地を見つけては奇妙な恍惚感に浸ります。

　「ここはまるで天国と地獄の交差点だ。植物と動物が交じり合った生物、星と蛇の節と花が交じり合った生物が生息している。そうした生物は夜になるとひそかに魂を吐く。セルトン（ブラジル北東の地域）にあるのは危険だけではない。それどころか素晴らしいおとぎ話にも登場しそうな貴重な宝が隠されている」とは当時のハンターの言葉。

『アダプテーション』：
ある蘭泥棒の物語

Du voleur d'orchidées...
à Adaptation

映画化もされた実話のベストセラー本をご紹介しましょう。

ジョン・ラロシュはアメリカの園芸家ですが、フロリダの湿地で稀少な蘭を盗んだかどで訴えられました。ジャーナリストのスーザン・オーリアンはこの事件に興味を持ち、独自に調査を行います。そして、蘭が巻き起こす熱狂についての本を書きました。『蘭に魅せられた男 ——驚くべき蘭コレクターの世界』と題されたその本は瞬く間に人気を博し、のちに、スパイク・ジョーンズ監督の映画『アダプテーション』（2002年）の題材にもなりました。主演はニコラス・ケイジとメリル・ストリープ。クリス・クーパーはこの映画でアカデミー賞助演男優賞を受賞しました。これは、ある小説を映画化しようともがく脚本家の物語で、その小説こそが『蘭に魅せられた男』なのです。

CATALOGUE DES PLUS BELLES ORCHIDÉES

美しい蘭カタログ

AERIDES

エリデス属

この属には25種ほどの原種があり、インド南部、ヒマラヤ、東南アジアに生息しています。語源はギリシャ語のAĒR（空気）で、根が宙に浮いているような着生蘭です。主に低地の森に見られ、バンダ属に近く、栽培条件が共通しているので、同系統と考えることもできます。

広く普及している種

エリデス・オドラタ *Aerides odorata* Loureiro

1790年に熱帯アジア原産としては初めて特定された蘭。長細い房に紫がかったピンク色の花が咲きます。香りが強く、唇弁の先は鉤型の距（花蜜の入った管）になっています。

エリデス・ロゼア *Aerides rosea* Loddiges ex Lindley & Paxton

ヒマラヤ東部から中国にかけて生息し、夏に開花します。ロウのような質感で香りがあり、20～25の花が房状に咲きます。白い花の大部分はピンク色に染まっています。

エリデス・マルチフローラ *Aerides multiflora* Roxbury

ヒマラヤの低地丘陵に生息する様々な種で、花序は長く、弓なりに反ったものと垂れ下がっているものがあります。花には香りがあり、色はピンク色から赤紫色まで、白い場合もあります。

Aerides - Loureiro 1790

ANGRAECUM
アングレカム属

アングレカム属には200以上の種があります。アフリカ東部熱帯地域、特にマダガスカル、レユニオン、コモロ原産です。主に着生蘭ですが、岩生蘭もあり、生息地は多様です。湿気のあるうっそうとした森に生息することが多く、最高2000mまでの様々な標高で育ちます。

広く普及している種

アングレカム・カルセオラス *Angraecum calceolus* Thouars

マダガスカル原産の小ぶりな蘭で、春から夏にかけて開花します。非常に育てやすい蘭の1つです。株元から複数の芽が出て20〜30cmの高さになり、かすかに香る明るいグリーンのごく小さな花を8〜10輪ほどつけます。

アングレカム・ディディエリ
Angraecum didieri [Baillon ex Finet] Schlechter

マダガスカルの森に生息するごく小ぶりな蘭で、春に趣のある花を咲かせます。高さ、幅とも10〜12cm程度に留まり、純白の花が単数ないしは複数咲き、夜に香りを放ちます。直径は約6cm。鉢でもハンギングボードでも育てられますが、こまめな霧吹きが必要です。

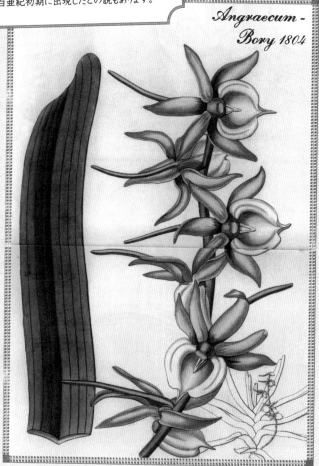

Angraecum -
Bory 1804

ANGULOA

アングロア属

南アメリカ原産で、蘭には珍しくカップ咲きすることから「チューリップ・オーキッド」とも呼ばれています。約15種あり、ペルー、コロンビア、ベネズエラ、エクアドルなど、標高1500～2000mの中程度の高さのアンデスの森に生息しています。

広く普及している種

アングロア・クロウェシー *Anguloa clowesii* Lindley

くっきりとした黄色の大ぶりな花を咲かせ、アニスのような甘い香りがします。地生蘭でベネズエラやコロンビアの日当たりのいい森、標高2000m近い場所で咲きます。

アングロア・ホーエンローイ *Anguloa hohenlohii* C. Morren

やはり地生蘭で、コロンビア原産。花が特徴的で、内側は茶色がかった濃い赤、外側は紫がかった黄色で、上に向かって咲きます。

アングロア・ルッケリ *Anguloa x ruckeri (A. clowesii x hohenlohii)* Lindley

珍しい形をしたエクアドル原産の蘭で、カップ状の閉じた花が開くと、鳥のくちばしのよう。強い香りがし、外側はオレンジがかった黄色、内側は茶色がかった赤です。

アングロア・ユニフローラ *Anguloa uniflora* Ruiz & Pavon

ペルー原産ですが香りはほとんどなく、冬の終わりから咲き始めます。花は白く、内側にほんのり紫がかったピンク色の斑があります。

Anguloa - Ruiz et Paròn 1798

Note

シンガポール、ベネズエラ、コロンビア、コスタリカ、パナマ
の共通点は? もちろん、国花が蘭であることです。

ANSELLIA
アンセリア属

この属の特徴はくっきりとした茶色い斑で、「レオパード（ヒョウ）・オーキッド」とも呼ばれています。アフリカ熱帯地方原産の複茎性の蘭で、標高2000mまでの森に生息しています。過去には、アフリカ全域に分布し、自生する地域によって花色が大きく異なるため、数多くのシノニム（異名）がつけられた属です（現在は一属一種）。

広く普及している種

アンセリア・アフリカナ *Ansellia africana* Lindley

この属の唯一の種ですが変異度が高いため、開花を待って好みの花を選ぶとよいでしょう。花は単色に近い黄緑で、紫がかった茶色い斑がまんべんなく広がっています。

Note

蘭を表す「オーキッド（Orchid）」の語源はラテン語で「睾丸」を意味するオルキス（Orchis）。特定の蘭の球根が睾丸を連想させることから、こう命名されました。

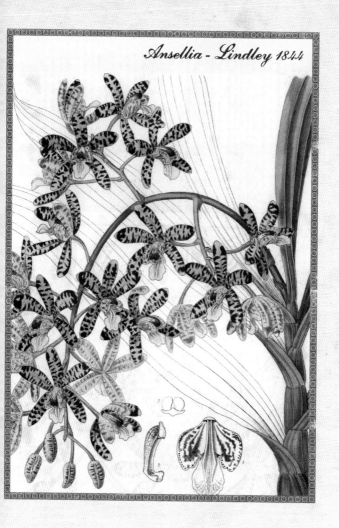

Ansellia - Lindley 1844

ASCOCENTRUM

アスコセントラム属

約12種を含む属*で、極小に近いサイズ。アジアの熱帯地域原産の着生蘭で、たいてい低地や中程度の標高で育ちます。バンダ属を思わせる形態です。

広く普及している種

アスコセントラム・ミニアタム
Ascocentrum miniatum (Lindley) Schlechter

この属の中でももっとも一般的な種で、春に明るいオレンジの花を咲かせます。交配に使われることが多く、ヒマラヤからマレーシア、インドネシアにかけて生息しています。

アスコセントラム・アンプラセウム
Ascocentrum ampullaceum (Roxbury) Schlechter

ネパール、ビルマ、ラオス、タイに生息する小ぶりな可愛らしい蘭で、バスケットで育てます。春になると紫がかった濃いピンク色の花を房状にたっぷりと咲かせ、より明るい色や濃い色など、個体ごとにバリエーションがあります。

*もともとは独立した属だったが現在はDNAによる再分類によってバンダ属に分類されている。
（2020.7.現在）

Ascocentrum - Schlechter 1.913

BIFRENARIA

ビフレナリア属

21種の原種を含むほとんど知られていない属で、主にブラジルを中心とする南アメリカの熱帯地方原産です。着生、岩生、地生があり、長いバルブを持ち、それぞれに1〜2枚の大きな葉がついています。本来の生息地では、雨季と乾季が交互にやってきます。

広く普及している種

ビフレナリア・ハリソニアエ
Bifrenaria harrisoniae（Hooker）Reichenbach

もっとも栽培されている種で、頑強。年と共にバルブ部分が美しく整っていきます。ブラジル原産で、冬から春にかけて開花します。ロウのような質感で、香りがあり、アイボリーホワイトでリップは濃い紫。冬には燦燦と降り注ぐ陽光を好みます。

ビフレナリア・ティリアンティナ
Bifrenaria tyrianthina（Loddiges ex Loudon）Reichenbach

高さ20cmほどの小柄な種で、ブラジル原産。涼しく明るい場所を好みます。冬に咲く花は大ぶりでロウのような質感。花序ごとに1ないしは2つの花がつきます。ややピンクを帯びたクリーム色で、リップは紫がかった赤。特徴ある香りを放ちます。

Bifrenaria - Lindley 1832

BULBOPHYLLUM

バルボフィラム属

蘭の中でも最大の属で、1200近い種が含まれます。着生蘭ですが、岩生の場合もあり、熱帯林に生息しています。種によっては標高2000mの高地で生息するものも。アジアに分布していますが、アフリカ東部、オーストラリア、中央アメリカ、南アメリカにも見られます。

広く普及している種

バルボフィラム・ファルカータム
Bulbophyllum falcatum [Lindley] Reichenbach

30〜40cmの不思議な花穂をつける花で、茎はグリーンで太く、平らな形状の場合もあります。黄色やくすんだグリーンの小さな花をたくさん咲かせますが、香りはお世辞にもいいとは言えません。

バルボフィラム・ピクツラツム
Bulbophyllum picturatum [Loddiges] Reichenbach

パラソルのような花は、まるで手袋の指のよう。冬から春にかけて開花します。約10の花が傘状に咲き、リップは紫色です。

バルボフィラム・ロビイ *Bulbophyllum lobbii* Lindley

エレガントな花からはスパイシーなよい香りが漂ってきます。中くらいの大きさで、花は大ぶりで一花茎に1つ花をつけます。萼片はグリーンのストライプが入った黄色、すっきりとしたリップは紫色です。

バルボフィラム・ファレノプシス *Bulbophyllum phalaenopsis* Smith

最大1mに達する葉が垂れていて、花は春に開きます。房は短めで、赤みを帯びた毛むくじゃらの花が咲きます。香りは森の土を思わせます。

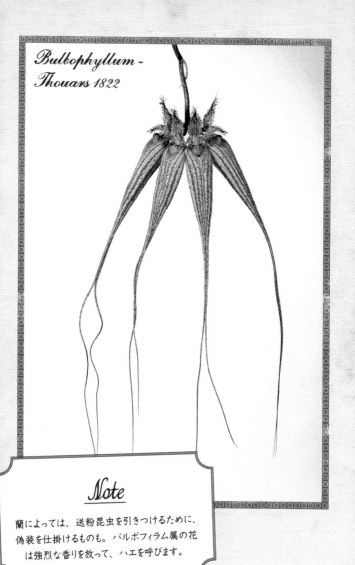

Bulbophyllum -
Thouars 1822

Note

蘭によっては、送粉昆虫を引きつけるために、
偽装を仕掛けるものも。バルボフィラム属の花
は強烈な香りを放って、ハエを呼びます。

CALANTHE

カランセ属

この属には200近くの種があり、主にアフリカ南部、マダガスカル、アジアの熱帯地域、中央アメリカ、オーストラリアに分布しています。ほぼすべてが地生蘭で、大ぶりなバルブを持つ落葉種と、バルブがないか、あっても小ぶりな常緑種に分かれます。

広く普及している種

カランセ・ディスカラー *Calanthe discolor* Lindley
中国、朝鮮、日本原産で、バルブは小さく、常緑種。葉にはシワがあり、花はピンクがかった白と紫がかった茶色の2色。涼しい気候を好みます。また日本原産のカランセは「エビネ」とも呼ばれます。

カランセ・ロゼア *Calanthe rosea* [Lindley] Bentham
ビルマやタイに分布する、高さ約40cmの落葉種。1年が終わる頃、葉が落ちた後に鮮やかなピンクの花を咲かせます。

カランセ・ベスティタ *Calanthe vestita* Wallich ex Lindley
東南アジア原産の落葉種。長く弓なりになった花序に小ぶりな白い花が咲き、唇弁は紫に近いピンク色。

Calanthe -
R. Brown 1821

CATASETUM

カタセタム属

独特な成育を見せる属で、休息期には落葉し、雄花と雌花とでは明らかに異なる形状をしています。南アメリカ、主にブラジルに分布し、標高1500mまでの熱帯林に生息する着生 (岩生の場合も) 蘭です。

広く普及している種

カタセタム・バーバータム *Catasetum barbatum* Lindley

ブラジル、ベネズエラ、コロンビア、ギアナ原産種で、暑い気候を好みます。ほぼ開花期全般を通じて香りを放ち、花には赤い斑が散り、リップはギザギザしています。

カタセタム・マクロカーパム
Catasetum macrocarpum Richard ex Kunth

ブラジル、ベネズエラ、ギアナに分布し、垂れ下がった花序が特徴です。雄花は黄緑で紫の斑があり、とてもいい香りがします。

Catasetum - Richard ex Kunth 1822

<u>Note</u>

古代や中世において、蘭は豊穣や生殖能力
の象徴であり、女性の冷え症や男性の生殖
不能、不妊治療に用いられていました。

CATTLEYA

カトレア属

中央・南アメリカ原産の約50種を含む属で、そのほとんどが着生蘭、一部岩生蘭です。蘭の中ではもっとも知名度の高い属の1つで、端正で大ぶりな花を咲かせることから、たくさんの交配種の作出に用いられてきました。魅力的なたたずまいで、一際心地よい香りを漂わせます。

広く普及している種

カトレア・ラビアタ *Cattleya labiata* Lindley

ブラジル原産で、標高1000mまでの森に育つ着生蘭です。冬にはしっかりと休眠し、秋には香りのする大きな薄紫色の花を咲かせます。波打つようなリップは紫色。

カトレア・ルテオラ *Cattleya luteola* Lindley

ブラジル北部、エクアドル、ボリビア原産のごく小さい種。秋には可憐な星型の花を咲かせます。鮮やかな黄色に、紫のリップが映えます。

カトレア・ワルケリアナ *Cattleya walkeriana* Gardner

ブラジル原産で温暖な気候を好みます。20〜30cmと小ぶりで、1ないしは2輪の花を咲かせますが、何とも言えないよい香りがします。品種により、花色は白から鮮やかなピンク色まであります。

Cattleya -
Lindley 1824

Note

フランスの小説家プルーストの『失われた時を
求めて』。この作品の「スワン家の方へ」に登
場するオデットは、カトレアがお気に入り。

COELOGYNE
セロジネ属

150〜180種を含む東南アジア原産の属。低地の暑い熱帯林に生息する種もあれば、寒冷なヒマラヤ高地で育つ種もあります。高温の温室を好むもの、室温や低温を好むものと様々で、その多くは着生蘭ですが、岩生や地生蘭もあります。

広く普及している種

セロジネ・クリスタータ *Coelogyne cristata* Lindley

ヒマラヤ山脈の湿度の高い森に生息し、バルブ部分から長い凹凸のある葉が伸びます。白い花の房は垂れ下がり、リップは黄色。長期間咲き、香りもあります。

セロジネ・オヴァリス *Coelogyne ovalis* Lindley

20〜30cmと小ぶりな、ヒマラヤ原産の育てやすい種。糸巻のような形をしたバルブからは、2枚の楕円形の葉が伸びます。春に鮮やかな黄色い小花がたくさん咲き、リップはくっきりとした茶色です。

セロジネ・トメントサ *Coelogyne tomentosa* Lindley
シノニム*：セロジネ・マッサンゲアナ *C. massangeana*

インドネシアの湿度の高い森に生息する大ぶりな（50〜60cm）種で、夏から秋にかけて長い房が垂れ下がり、ベージュがかった黄色い香りのよい花を咲かせます。

*シノニム：異名のこと。

Coelogyne - Lindley 1824

CORYANTHES
コリアンテス属

アメリカ大陸熱帯地域に生息する属で、約50の種を含みます。主に着生蘭で、低地熱帯林、高温多湿地域を好み、メキシコからギアナ、ブラジル、アンティル諸島にまで分布しています。アリと共生しているため、巣が作られることの多い植物です。

広く普及している種

コリアンテス・マクランサ *Coryanthes macrantha* [Hooker] Hooker

ベネズエラからペルー、ブラジルにまで分布する種です。バルブ部分から明るいグリーンの葉がみっしりと伸び、春から夏にかけて咲く花は大ぶりで複雑な形状。細い茎は下に向いていて、その先端に1つないしは2つの花が吊り下がるようにして咲きます。ほんの短い期間だけ、香りを放ちます。

コリアンテス・スペシオサ *Coryanthes speciosa* Hooker

アメリカ南部熱帯地方原産の大ぶりな種。長細い茎が垂れるように伸び、夏になると鮮やかな黄色の大きな花が咲きます。先端に茶色い斑が散っていて、よい香りも特徴の一つ。

Coryanthes - Hooker 1831

Note

「世界の消滅は1輪の蘭のため息に等しい」

　　マルク・ジャンドロン『オペレーション・ニューヨーク』より

83

CYMBIDIUM

シンビジウム属

この属に含まれる約70の原種は着生、岩生、地生で、標高3000mまでの地域に生息しています。東南アジアからオーストラリア北部、北日本、インドネシア北部に分布し、原産地により高温な温室を好む蘭もあれば、温暖あるいは低温環境を好む蘭もあります。

広く普及している種

シンビジウム・デボニアナム　*Cymbidium devonianum* Paxton

標高2200mまでの高地に生息する種で、ネパール、インド北部、ブータン、タイ原産です。高さは60cmほど。小さな星型の可憐な花が垂れ下がるように咲きます。

シンビジウム・エバネウム　*Cymbidium eburneum* Lindley

約40cmと小ぶりな種で、ネパール、ビルマ北部、インド原産。とてもよい香りのする花は、ほんのりとピンクがかった白。リップは黄色と紫に近いピンク色です。

シンビジウム・ローウィアナム
Cymbidium lowianum [Reichenbach] Reichenbach

1m以上にも達する大柄な種で、ビルマ、中国、タイ原産。2月から6月にかけて長期間開花します。房に大ぶりな黄緑の花がバランスよく並び、リップには赤紫の斑があります。

Note

「彼はオレンジ色とグレーの蘭を摘んだ。繊細な花弁はたわみ、色
とりどりに輝いていた」ボリス・ヴィアン『うたかたの日々』(1947年)

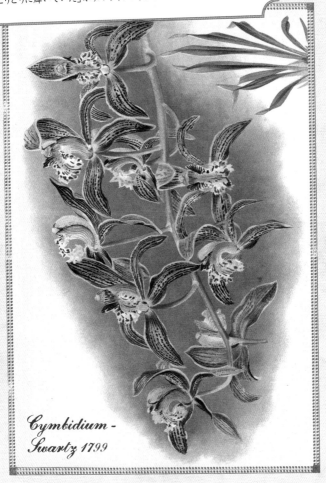

Cymbidium -
Swartz 17.9.9

DENDROBIUM

デンドロビウム属

1200以上の種を含む属で、主に東南アジア、オーストラリア、ニュージーランド、太平洋の島々に分布しています。ギリシャ語でデンドロは「木」、ビウムは「命」を意味します。主に着生蘭ですが、稀に岩生蘭もあります。

広く普及している種

デンドロビウム・ノビレ *Dendrobium nobile* の交配種

デンドロビウム・イエローソング *Denbrodium* Yellow Song
非常に明るい黄色の大ぶりな花を咲かせ、リップはやや濃い黄色。

デンドロビウム・キョウト・ジェム（通称名）*Dendrobium* Kyoto Gem
紫がかったピンク色の美しい花を咲かせ、リップの中心は黒っぽく、白く縁取られています。

デンドロビウム・ファレノプシス *Dendrobium phalaenopsis* の交配種

デンドロビウム・アンナ・グリーン（通称名）*Denbrodium* Anna Green

とても繊細な色合いで、ペタルと萼片は浅緑色。濃い紫のリップとくっきりとしたコントラストになっています。

デンドロビウム・ブルークイーン（通称名）*Dendrobium* Blue Queen

細い脈模様の通った紫色の花が特徴で、ペタルと萼片は反っています。

デンドロビウム・ホワイトサプライズ（通称名）
Dendrobium White Surprise

純白の花を咲かせ、開花期がもっとも長い蘭の１つです。

*N*ote

アジアでは伝統的に、死者の家の床をデンドロビウムのバルブと葉を束ねたもので掃いて、邪霊を取り除きます。

Dendrobium -
Swartz 1799

CAMBRIA

カンブリア

カンブリアとは非常に多様な交配種の1グループを指す通称で、アンデス山脈地方のオンシジウム属（*Oncidium*）、リンコステレ属（*Rhynchostele*）、ミルトニア属（*Miltonia*）、ミルトニオプシス属（*Miltoniopsis*）の交雑により人工的に作られた交配種です。親となった原種はコロンビア、ペルー、エクアドル、ベネズエラ原産です。

Cambria - Charlesworth 1931

Note

女性が妊娠中に、蘭の花が
東の方向に開けば男の子、
西の方向に開けば女の子
が生まれると言われています
（鉢の向きを変えたら、性別
　を変えられるかも！）

DISA

ディサ属

この属に含まれる130〜150の種は主に地生蘭ですが、岩生蘭も数種あります。南アフリカ、アフリカ熱帯地域、マダガスカル、レユニオンに分布しています。日光を好み、水辺の酸性の土壌、標高1000mほどの高地で育ちます。

広く普及している種

ディサ・ユニフローラ *Disa uniflora* Bergius

栽培種としては唯一のもので、南アフリカのケープタウン地域原産です。ロゼット*は幅広で、夏にオレンジがかった赤い美しい花を咲かせます。ドーサル（上萼片）にはオレンジに近い黄色の脈模様がくっきりと入っています。各花茎には2〜5つの花があり、1〜2カ月間は咲き続けます。原産地により、オレンジの花、赤い花もあり、稀に黄色い花もあります。

*地面に密着して広がる放射状の葉。

Disa - P.J. Bergius 1767

DRACULA
ドラキュラ属

この属に含まれる120～130種の着生蘭は、南米——主にコロンビアとエクアドル——の湿度の高い密林に生息し、中には標高3000mで育つ種もあります。コロンビアに生息するチスイコウモリを思わせることから、こうした名がつきました。

広く普及している種

ドラキュラ・ベラ *Dracula bella* [Reichenbach] Luer
シノニム：マスデバリア・ベラ *Masdevallia bella*

コロンビア、アンデス山脈の湿度の高い高地の森林で育つ蘭で、淡い黄色のペタルにくっきりと赤い斑があり、糸のような萼片は濃い赤です。花は下に向かって咲くことが多いので、ハンギングバスケットを使った栽培がお勧めです。

ドラキュラ・フェリックス *Dracula felix* [Luer] Luer
シノニム：マスデバリア・フェリックス *Masdevallia felix*

コロンビアやエクアドルに分布し、1年のうち数回開花することがあります。花はピンクがかった小さな白で、赤茶色の糸状の萼片が伸びています。惜しげもなくたっぷりと開花するのが特徴。

ドラキュラ・ヴァンパイア *Dracula vampira* [Luer] Luer
シノニム：マスデバリア・ヴァンパイア *Masdevallia vampira*

エクアドルの標高2000m付近の森林に生息する種です。それぞれの花の3つの大きな萼片はグリーンのストライプの通った黒で、糸状に細く伸び、3つのペタルはごく小さく、リップも控えめで黄色に近い色です。

Dracula - Luer 1978

Note

南アフリカの一部の部族では、蘭には避妊作用があると信じられ
ています。彼らは独身女性用にレオパード・オーキッドで編んだブ
レスレットを作り、バルブから作ったペーストを染み込ませます。

GONGORA

ゴンゴラ属

複茎性の着生蘭で約70の原種を持つ属。標高1600mまでの湿度の高い森に生息し、中央アメリカ、南アメリカ、アンティル諸島、メキシコからペルー、ブラジルまでに分布しています。バルブから花序が垂れ下がっており、花はらせん状に反っていて、しばしば香りを放っています。

広く普及している種

ゴンゴラ・ガレアタ *Gongora galeata* [Lindley] Reichenbach

メキシコからグアテマラに分布し、垂れ下がった花序からは香りが漂います。リップはクリームイエローからオレンジ、ときには茶色や紫に近い色まで多様な色で、3つに分かれ、細かい紫の斑があります。

ゴンゴラ・キンケナービス *Gongora quinquenervis* Ruiz & Pavon

コロンビア、ペルー、ブラジル原産の種で、株元の大きなふくらみから長く襞のついた葉が伸びます。バスケットから長い花序が垂れ下がり、香りのするたくさんの花が咲きます。花はたいてい黄色で、紫がかった茶色い斑が散っています。茎の上に虫が止まっているような奇妙なたたずまいの花です。

Gongora - R. Brown 1815

LAELIA
レリア属

属間交配*に多用される属で、特に近縁のカトレア属としばしば交配されます。ア
メリカ大陸熱帯地域、メキシコからブラジルにかけて生息し、近年分類が変更さ
れ、60あった種が25に減りました。

広く普及している種

レリア・アンセプス　*Laelia anceps* Lindley
シノニム：アマリア・アンセプス、カトレア・アンセプス
Amalia anceps, Cattleya anceps

メキシコからグアテマラ、ホンジュラスにかけて分布し、標高1000〜1500mで育ちます。
花は赤紫がかった淡いピンクで、大ぶりです。

レリア・フルフラセア　*Laelia furfuracea* Lindley
シノニム：アマリア・フルフラセア、カトレア・フルフラセア
Amalia furfuracea, Cattleya furfuracea

メキシコ、標高3000m近くまでの高地に咲く小ぶりな蘭で、花序は短く、紫がかった
ピンク色。うねるようなリップで、冬に開花します。

レリア・スペシオサ　*Laelia speciosa* [Kunth] Schlechter
シノニム：ブレティア・スペシオサ、レリア・グランディフロラ
Bletia speciosa, Laelia grandiflora

メキシコに分布し、高地森林、比較的乾燥した土地に咲きます。春に開花しますが、
1つの花序に咲く花はほんのわずか。しかし花は15cmほどと大ぶりで、紫を帯びたピ
ンク色。リップは白くて紫のストライプがあります。

*異なる属同士を掛け合わせて交配させること。通常蘭以外の植物では、属間交配では種子が得ら
れないことが多いが、種分化の著しい蘭では、組み合わせによっては種子が採れる。

Laelia -
Lindley 1831

Note

現在でも蘭の発見は続いています。2012年には
キューバで2つの新種が発見されました。

Laeliocattleya -
Rolfe 1887

LAELIOCATTLEYA

レリオカトレア

カトレア属とレリア属の交配種で、ほとんどは人工作出されたものですが、中に
は自然交配によって生まれたものもあります。レリオカトレア・ペルナンブケンシス
（*Laeliocattleya pernambucensis*）（カトレア・ラビアタ×レリア・グロリオサ）
はブラジル北東部に咲く着生蘭。交配種はいずれも着生蘭です。

広く普及している種

レリオカトレア・アストラガレ "タリスマン"
Laeliocattleya Astragale 'Talisman'

一際人目を引く蘭で、秋に開花します。1本の茎に3つから5つの花が咲き、萼片とペ
タルはクリームイエロー、リップはオレンジとショッキングピンクが混ざった色合いです。

レリオカトレア・パープルカスケード "ビューティー・オブ・パーフューム"
Laeliocattleya Purple Cascade 'Beauty of Perfume'

かぐわしい香りで、純白と深い紫が交じり合い、すっきりとまとまっています。誰もが好き
にならずにはいられない蘭。

MASDEVALLIA
マスデバリア属

400〜500種を含む小ぶりなサイズの属。中央アメリカやアンデス山脈の湿度の高い高地森林原産で、着生、岩生、地生とありますが、バルブを持ちません。萼片の基部が合着し、一体化しているのが特徴です。

広く普及している種

マスデバリア・トヴァレンシス *Masdevallia tovarensis* Reichenbach

ベネズエラ原産の可憐な宝石のような蘭。高さ10〜12cmで、秋から冬にかけて大ぶりな純白の花を咲かせます。花が咲き終わった茎は切らないこと。翌年新しい花が咲きます。

マスデバリア・ヴィーチアナ *Masdevallia veitchiana* Reichenbach

ペルーに咲く岩生蘭で、標高4000mまでの高地に生息しています。低温の温室で育てると、春に大ぶりなオレンジがかった赤い花が咲きます。萼片は長い糸のよう。

Masdevallia - Ruiz & Pavon 1794

PAPHIOPEDILUM

パフィオペディルム属

約80の原種がありますが、種間交配により数多くの品種が生まれました（2020年現在、その数は万を超える）。原種の花が木靴やスリッパを思わせることから、「ヴィーナスの木靴」を意味するこの名称がつけられました。いずれの種もアジア原産です（インド、タイ、マレーシア、インドネシア、フィリピンやニューギニアまでの東南アジア）。

広く普及している種

単色グリーンの葉の種

パフィオペディルム・パリシイ
Paphiopedilum parsihii [Reichenbach] Stein

ビルマ、タイ、中国雲南省に生息する着生・岩生蘭で、比較的大ぶり。花茎からは淡い黄色のドーサル（上萼片）を備えた大きな花が複数咲き、リップはグリーンで紫がかった茶が混じっています。長いペタルはグリーンと紫で、らせん状に反っています。

パフィオペディルム・ビローサム
Paphiopedilum villosum [Lindley] Stein

小ぶりな着生蘭で、インド、ビルマ、タイの高地に生息しています。冬に長期間咲き、多様な色彩ですが、主に黄緑と紫がかった茶色です。花の形はとてもエレガント。

Paphiopedilum

模様の入った葉や多花の種

・模様の入った葉

パフィオペディルム・ニビウム
Paphiopedilum niveum [Reichenbach] Stein

可憐な小さい種で、タイやマレーシア原産。葉にはグレーグリーンのマーブル模様が入っていて、丸みのある花は白く、紫に近い赤の斑があります。

パフィオペディルム・サクハクリー
Paphiopedilum sukhakulii Schoser & Senghas

タイ原産の、葉にくっきりと模様が入った種。とてもエレガントな花で、淡いグリーン、濃いグリーン、紫に近いピンクが交じり合っています。

・多花

パフィオペディルム・プリムリナム
Paphiopedilum primulinum M.W. Wood & P. Taylor

スマトラの美しい蘭で、淡い黄色の花が次から次へと何か月も咲きます。ドーサル（上萼片）は濃淡のあるグリーン。

Note

パフィオペディルムのペタルは有毛で、不思議な凹凸があります。ハナアブはアブラムシの群れがいると勘違いして、虫を食べようとし、結果的に受粉を助けてくれるのです。

PHALAENOPSIS

ファレノプシス属

約60種を含む属で、大変人気があります。人気の秘密は交配種が数千もあり、頑強で花が咲きやすく、栽培が比較的簡単だから。どの種も単茎性で着生蘭ですが、稀に岩生もあります。フィリピンやオーストラリア北部までの東南アジア、高温多湿な森林に生息しています。

ファレノプシス属の特徴

ほとんどの場合、蘭の花が咲いた後、花茎は短く切りましょうと言われます。しかしファレノプシス属は別で、花茎の節（ふくらみ）のところから新しい花が咲いてきます。品種によっては、開花初期に花茎が分岐することも。
ですからこれから花が咲く花茎を切ってしまうのは禁物。1回目の花が咲き終わったら、花の下の部分、下から第2か第3の節の上で切りましょう。こうすることでたいてい、数週間後に新たに花が咲きます。逆に明らかに乾燥した花茎や、2回連続で花をつけた花茎は切りましょう。

広く普及している種

ファレノプシス・アマビリス　*Phalaenopsis amabilis*　[Linné] Blume

インドネシア、オーストラリア、ニューギニアに生息する、大ぶりでたくさんの花をつける種です。あまり陽光を必要とせず、冬から春にかけて長い期間開花します。花は白く、リップは黄色です。

ファレノプシス・ベリーナ
Phalaenopsis bellina [Reichenbach] Christenson

マレーシア原産の小ぶりな種で、心地よい香りが特徴。星形の花にはグリーンとクリーム色のグラデーションがあり、中心はフューシャピンク。

ファレノプシス・シレリアナ　*Phalaenopsis schilleriana* Reichenbach

フィリピンに生息する大ぶりな種で、葉にはグレーのマーブル模様が入っています。長い花茎が枝分かれし、たくさんのピンク色、薄紫色の花が咲いて、ほんのりと香りが漂います。

Phalaenopsis - Blume 1825

Note

ファレノプシス属は「胡蝶蘭」とも呼ばれます。横に広がったペタルが夜行性のシャクガに似ているため、こうした名がつきました。

PHRAGMIPEDIUM
フラグミペディウム属

中央・南アメリカ原産の24種を含む属で、「南アメリカのヴィーナスの木靴」とも呼ばれています。複茎性で、主に地生あるいは岩生ですが、着生蘭の場合もあります。標高3000mまでの高地の湿地帯に生息し、木靴の形をしたリップと非常に長い花弁が人気です。

広く普及している種

フラグミペディウム・ベッセ
Phragmipedium besseae Dodson & J. Kuhn
ペルーやエクアドルに生息する種で、1981年にその存在が確認されたときには大きな話題になりました。オレンジに近い赤い花は、ピンクや赤といった新たなニュアンスを交配種にもたらしました。

フラグミペディウム・ピアセイ
Phragmipedium pearcei [Reichenbach] Rauh & Senghas
アンデス山脈、エクアドル、ペルーの低地に生息する地生蘭で、美しい黄緑の花にはグリーンあるいは紫色の脈模様や斑が入っています。線状に伸びる長いペタルはカールしています。

Phragmipedium -
Rolfe 1896

RENANTHERA

レナンセラ属

約20種を含む属で、愛好家の間ではたくさんの暖色系の花をつけることで知られています。単茎性の着生蘭で、バルブがありません。アジアからニューギニアにかけての標高1500mまでの地域に生息しています。

広く普及している種

レナンセラ・コクシネア *Renanthera coccinea* Loureiro、シノニム：エピデンドルム・レナンセラ *Epidendrum renanthera*

中国南部からインドシナ半島に分布する種で、この属の中では最大の大きさ。年齢の高い個体では茎が2mに達するものもあり、濃いオレンジがかった赤い花をたくさん咲かせます。

レナンセラ・インシューティアナ *Renanthera imschootiana* Rolfe

鮮やかなオレンジ色の花を咲かせる種で、ヒマラヤから中国南部、ベトナムにかけて、標高1000m付近、冬に気温の下がる森に分布しています。温暖で冬に低温になる気候を好みます。

レナンセラ・モナチカ *Renanthera monachica* Ames

小ぶりな着生蘭で、フィリピンのルソン島の固有種です。前述のレナンセラよりも育てやすく、ハンギングバスケットでほぼ室温で育ちます。オレンジ色の花で、赤い斑がついています。

Renanthera -
Loureiro 1790

Note

「このもがく奇妙な花は、植物の神髄。見たこともないような炎で植物
界の壁を打ち崩す」モリス・メーテルリンク『花の知恵』（1907年）

RHYNCHOSTYLIS

リンコスティリス属

3つの種と2つの亜種のみを含む属で、アジア原産の単茎性の着生蘭です。低地の高温多湿の森林に生息し、バンダ属の近縁の1つで、全体の形は似ていますが、より小ぶりで育てやすいのが特徴です。

広く普及している種

リンコスティリス・ギガンテア
Rhynchostylis gigantea [Lindley] Ridley

この属でもっとも知名度が高い種で、アジア熱帯地域原産です。白い花、薄紫の花などがありますが、白地に紫がかったピンク色の斑が入っているパターンが一般的で、リップはほぼ全体が紫に近いピンク色です。とてもよい香りで、株が大きく育つと複数の房をつける場合もあり、一際華やかな印象です。

リンコスティリス・レツサ *Rhynchostylis retusa* [Linné] Blume
シノニム：エピデンドルム・レツスム *Epidendrum retusum*

中国からアジア熱帯地域にまで分布する種で、短い茎から長い房が伸び、50〜60の花がぎっしりと垂れ下がるように咲きます。色は白ないしはピンクがかった白で、リップは紫色。

Rhynchostylis - Blume 1825

SARCOCHILUS
サーコキラス属

この属に含まれる25種はほとんどがオーストラリア原産で、一部ニューギニアや
ニューカレドニア原産のものもあります。小ぶりな着生あるいは岩生蘭で、地生は
ごく珍しく、どちらかと言えば涼しく高湿で風通しのよい環境を好みます。

広く普及している種

サーコキラス・セシリアエ *Sarcochilus ceciliae* F. Mueller

小ぶりで可憐な種で、オーストラリア沿岸、クイーンズランドからサウスニューウェールス
にかけて、標高900mまでの地域に分布しています。岩生蘭で、夏から秋にかけて1
cmほどの小さな花を咲かせます。色は淡いピンクや濃いピンク。

サーコキラス・ハートマニー *Sarcochilus hartmannii* F. Mueller

オーストラリアの蘭としてはもっとも知名度が高い種。クイーンズランドからサウスニュー
ウェールズにかけて、岩や岸壁で育ちます。育てやすく、頑健で、たくさんの花をつけ
るのがうれしい点。垂れ下がるように咲く花は白く、ペタルや蕚片の中心が赤く染まり、リッ
プはオレンジに近い色です。

Sarcochilus -
R. Brown, 1810

Note

中国では、蘭のよい香りを利用して好ましくない霊を祓います。

SOBRALIA

ソブラリア属

中央・南アメリカなどアメリカ大陸熱帯地域に咲く約140種を含む属で、多くの場合地生ですが、たまに着生蘭もあります。分けつしますが、バルブはなく、たくさんの茎をつけます。発育がよく2mを超すことも。

広く普及している種

ソブラリア・フラグランス *Sobralia fragrans* Lindley

約20cmの大きさで、湿度の高い森に生息します。高地で育つことが多く、中央アメリカや南アメリカの熱帯地域に分布しています。夏に咲く小ぶりな花は縁がギザギザとしていて、白と黄色が交じり合い、個性的な香りを漂わせます。

ソブラリア・マクランサ *Sobralia macrantha* Lindley
シノニム：カトレア・マクランサ *Cattleya macrantha*

この属の中ではもっともたくさんの花をつける種で、メキシコ、中央アメリカ原産です。標高3000mまでの地域に生息しています。鉢で栽培しても、自然環境で育つのと同様に2mに成長します。春や夏に最大20cmの大きな花を咲かせます。紫に近いピンク色の花には香りがあり、リップの縁は波打つような形。1輪につき1日しか開花しませんが、次々と蕾をつけて数週間にわたって咲き続けます。

Sobralia - Ruiz & Pavon 1794

Note

中国の始皇帝には子どもができませんでした。そこで医師に相談
したところ、皇后の寝室に蘭を1株置いてみるよう言われます。す
ると、あっという間に13の花がつきました。これは13人の男の
　　子が生まれることを暗示していたのです。

STANHOPEA
スタンホペア属

60種近くを含む属で、ほとんどが着生蘭。中央アメリカや南アメリカの熱帯地域原産です。多くの場合標高1000〜3000mの熱帯林に咲き、強い香りと垂れ下がった大きな花が特徴です。

広く普及している種

スタンホペア・ティグリナ *Stanhopea tigrina* Bateman ex Lindley

メキシコ原産の着生蘭で、低地の湿度の高い森に生息し、春の終わりに開花します。黄色、オレンジ、赤の交じった大きな花を咲かせ、ジャスミンのような強い香りを放ちます。

スタンホペア・ワーディー *Stanhopea wardii* Loddiges ex Lindley
スタンホペア・オウレア、スタンホペア・ベナスタ *S. aurea, S. venusta*

ニカラグアからベネズエラ、メキシコに分布する着生蘭で、標高2000〜3000mの涼しい森に咲いています。夏に開く大ぶりな花はとても香りが強く、色はクリームイエローやオレンジに近い黄色や黄緑。赤紫の斑が散っています。不思議な形をしたリップには、湾曲した2つの小さな角状突起がついています。

Stanhopea - J. Frost ex Hooker 1829

VANDA
バンダ属

約55種を含む単茎性の着生蘭ですが、稀に岩生もあります。インドや中国、オーストラリアやフィリピンなどの低地や山岳地帯に分布し、多湿な熱帯林で育ちます。大ぶりで、愛好家に人気の花です。

広く普及している種

バンダ・セルレア *Vanda coerulea* Griffith ex Lindley

青い花がとても印象的な大ぶりな着生蘭で、風通しのよい湿度の高い森を好みます。インド北部、ビルマ、タイの標高1000〜1500m地帯に分布しています。温室では夏に咲く場合が多く、1本の花茎に10〜15輪ほどの花をつけます。ペタルや萼片は青あるいは明るい青紫で、濃い青の細い線が網状に通っています。

バンダ・トリカラー *Vanda tricolor* Lindley

高さ1mにも達する大ぶりな種で、ジャワ島やバリ島、標高1500mまでの高温多湿な森林に生息しています。冬の終わりから春にかけて開花し、1本の花茎に10〜12輪の香りのする花を咲かせます。萼片や花弁はロウのような質感の白や淡い黄色で、赤茶色の斑があり、リップは赤紫色です。

Vanda - Jones ex R. Brown 1820

VANILLA
バニラ属

100に近い種を持つつる状の株姿をした属で、熱帯地域や亜熱帯地域（アジア、南アメリカ、アフリカ）に分布し、ほとんどが高温熱帯林に生息しています。節のところから、葉、空中に浮く根や房が伸びています。

広く普及している種

バニラ・プラニフォリア *Vanilla planifolia* Jackson
シノニム：バニラ・フラグランス *V. fragrans*

メキシコや中央アメリカの高湿な森から生まれ、アンティル諸島やレユニオン島、マダガスカルなどでバニラビーンズ用にもっとも栽培されている種です。しっかりした茎から伸びる葉は、大ぶりな楕円形。稀に温室栽培されることもあります。黄あるいは黄緑色の花を人工授粉すると、グリーンの長い蒴果が実ります。子房がふくらみ、種子の詰まった実となって、この実を乾燥させると香りが出ます。

Note

ヨーロッパに初めて持ち込まれた蘭はバニラでした。

Vanilla - Miller 1754

ZYGOPETALUM
ジゴペタルム属

ラテンアメリカ原産の15ほどの種を含む属です。涼しい環境や庭を好み、大きく
成長することも珍しくなく、半地生蘭という特徴はシンビジウム属にも共通するため、
一緒に栽培する愛好家も少なくありません。

広く普及している種

ジゴペタルム・マクラツム *Zygopetalum maculatum* [Kunth] Garay
シノニム：ジゴペタルム・マッケイ *Zygopetalum mackayi*

ブラジル原産で、この属では最初に特定された種です。当初ジゴペタルム・マッケイと
命名され、ブラジルの植物学者の間では現在でもこの名称が使われていますが、イギリ
スのキュー植物園の植物学者はマクラツムと呼んでいます。かなり大きく成長することも
あり、よい香り、エレガントな花、稀に見る発育のよさなど、たくさんの長所を備えてい
ます。頑健で、白、薄緑、薄紫など優しい色合いです。

Zygopetalum

Note

バルブができた後の1か月間は、
水やりはほどほどに。

POUR ALLER PLUS LOIN...

もっと知りたいあなたのために……

引用記事
BIBLIOGRAPHIE

・巨大蘭グラマトフィラム・スペシオサム
（*Grammatophyllum speciosum*）について
https://fr.wikipedia.org/wiki/
Grammatophyllum_speciosum

・ダーウィンの蘭について
（Espèces, n° 2, décembre 2011）
http://www.especes.org/#/2-lorchidee-
de-darwin/4195396

・ティファニーの宝石について
https://en.wikipedia.org/wiki/Paulding_
Farnham
http://www.musee-orsay.fr/fr/
collections/oeuvres-commentees/
arts-decoratifs/commentaire_id/
vitrine-orchidees-8892.html?-
cHash=e21c726765

・ゲランのオーキデ・アンペリアルについて
http://www.guerlain.com/fr/fr-
fr/explorer-guerlain/creations-
emblematiques/orchidee-imperiale

・ゲランの蘭研究所について
https://www.youtube.com/
watch?v=cecOYIDMELA

・バニラの効用について
http://sante.lefigaro.fr/
actualite/2012/05/14/18188-yoghourt-
vanille-aphrodisiaque-inattendu
http://www2.cnrs.fr/sites/communique/
fichier/02dp_strasbourg_exemples_de_
recherche.pdf

・蘭をテーマにしたカール・ラガーフェルトの
ファッションショーについて
http://www.lesechos.fr/week-end/mode-
et-beaute/defiles/0203790028388-
fendidecline-lorchidee-dans-toutes-
lesmatieres-1044607.php
http://longlifefashion.net/2014/10/02/
defile-fendi-spring-summer-2015-review/

・アール・ヌーヴォーにおける植物について
（Nathalie Vergès, professeur chargée
de mission au musée de l'Ecole de
Nancy）
http://www.ecolede-nancy.com/web/
uploads/file/documents_pdf/men/SDP/
nature_art_nouveau.pdf

・アール・ヌーヴォーとベル・エポックについて
（Jean-Louis Rieusset, Académie des
Sciences et Lettres de Montpellier,
2001）
http://www.ac-sciences-lettres-
montpellier.fr/academie_edition/fichiers_
conf/RIEUSSET2001.pdf

・J. Costantin, La Revue Scientifique,
4 juillet 1903
http://sciences.gloubik.info/spip.
php?article1726

・蘭についての科学論文
« Oxford Journals »
http://services.oxfordjournals.org/cgi/

・蘭の薬効について（Dr Jacques Prat）
http://www.homeoint.org/dynamis/
collioure01/cyprip.htm

・化石化した蘭について
http://www.lefigaro.fr/sciences/2007/08
/30/01008-20070830ARTFIG90059-
decouverte_des_premiers_pollens_d_
orchidee_fossiles.php

書籍

・*La fécondation des orchidées par les
insectes*, Charles Darwin, C. Reinwald
et Cie, 1870
http://darwin-online.org.uk/converted/
pdf/1870_OrchidsFrench_F818.pdf

・*Chasseurs d'Orchidées*,
Ernst Löhndorff, Hoëbeke, 1995
http://grupolagazette.com/al/
index.php?option=com_content
&view=article&id=60:chasseur-d-

orchidees&catid=11&Itemid=111

· Fêtes et chansons anciennes de la Chine, Ernest Leroux, Bilbiothèque de l'école des hautes études, 1919
http://www.chineancienne.
fr/d%C3%A9but-20e-s/
granetf%C3%AAtes-et-chansons-anciennes-de-la-chine/

· Graines d'espoir : Sagesse et merveilles du monde des plantes, Jane Goodall, Actes Sud, 2015

· Orchidées du bout du monde, Catherine Vadon, éditions La Martinière, 2014

· Le traité des orchidées, Collectif, Éditions Rustica, 2011

· Un amour d'orchidées, le mariage de la fleur et de l'insecte, A. Roguenant, Aline Raynal-Roques, Yves Sell, Belin, 2005

· Une orchidée qu'on appela vanille, Nicolas Bouvier, éditions Métropolis, 1998

· Le grand livre des orchidées, W et B. Rittershausen, Bordas, 2000

· Flora, les Fleurs de Mapplethorpe, Robert Mapplethorpe, edition Phaidon, 2016

· Orchid Fever : A Horticultural Tale of Love, Lust, and Lunacy, Eric Hansen, Vintage, 2000 〔エリック・ハンセン『ラン熱中症―愛しすぎる人たち』屋代通子訳、NHK出版、2001年〕

ラジオ

· 上記のCatherine Vadonと植物学者 Jean-Yves Dubuissonが出演したFrance Interの番組
http://www.franceinter.fr/player/

reecouter?play=993954

インターネットサイト

· 日本の侍と蘭について
http://www.leglobeflyer.com/
reportage-2-465.html

· 香りや送粉戦略について
http://www.aaoe.fr/post/2010/12/07/
Les-orchidées,-leurs-parfums-et-leurs-insectes-pollinisateurs

· チョコレートと蘭のカプチーノのレシピ
https://www.atelierdeschefs.fr/fr/
recette/1677-cappuccino-au-chocolat-et-nuaged-orchidee.php

· 食用蘭について
http://benelux.koppertcress.com/sites/
default/files/karma_fr_0.pdf

本書で紹介された書籍の邦訳(初出順)

ディオスコリデス
『ディオスコリデスの薬物誌』
鷲谷いづみ訳、エンタプライズ、1983年他

ジャン＝マリー・ペルト
『恋する植物― 花の進化と愛情生活』
ベカエール直美訳、工作舎、1995年

ダーウィン
『種の起源』
八杉龍一訳、岩波書店、1990年他

スーザン・オーリアン
『蘭に魅せられた男―
驚くべき蘭コレクターの世界』
羽田詩津子訳、早川書房、2003年

ボリス・ヴィアン
『うたかたの日々』
伊東守男訳、早川書房、2002年他

モリス・メーテルリンク
『花の知恵』
髙尾歩訳、工作舎、1992年

図版詳細
LÉGENDS

P.11
ミツバチの絵、1834年出版の
*The management of bees*の口絵

P.13
人間の頭蓋骨、ウィルソン・ローリーの版画、
J. Farey, *Cyclopedia or Universal
Dictionary of Arts, Sciences and
Literature*, Abraham Rees, London,
1820に掲載

P.16
侍、歌川豊国（1769-1825年）の浮世絵、
装飾芸術美術館内図書館、パリ

P.19
ディオスコリデスの肖像、17世紀の*Les
scavans hommes*に掲載された版画、
作者不明

P.22
蘭、1896年のドイツの百科事典 *Meyer
Konversation Lexikon*に掲載された挿絵、
作者不明

P.31
ジョン・コリア（1850-1934年）による、
温室で植物を観察するダーウィン
（1809-82年）のポートレート。
ダーウィンの家・ダウンハウス、イギリス、
ケント州

P.37
アマゾンの森の探検、19世紀の版画

P.43
1883年の大噴火による破壊前のクラカタウ
島、19世紀の版画

P.46
カトラリー、*Paris à table*（1846年）に
掲載されたベルタール（1820-82年）の
版画

P.54
フォリー・ベルジェールのロイ・フラー
（1862-1928年）、1892年12月25日付の
ジル・ブラ紙、スタンラン（1859-1923年）
のイラスト

P.55
エリア・コンウァラリオイデス・マヨル
（*Eria convallarioides major*）と名付けられた
品種、ジョージ・バークレーの版画、
原画はサラ・アン・ドレイク（1803-57年）の
イラスト、シデナム・エドワーズ（1768-1819
年）の*Botanical Register*, John Lindley,
London, Ridgway,
1847に掲載

P.63
インド洋の島々に生息する品種アングレカム・
エバネウム（*Angraecum eburneum*）、
S.ワッツの版画、原画はサラ・アン・ド
レイクのイラスト、シデナム・エドワーズ
の*Botanical Register*, John Lindley,
London, Ridgway, 1832に掲載

P.65
アングロア・ルッケリ（*Anguloa ruckeri*）、
ジョージ・バークレーの版画、原画はサラ・
アン・ドレイクのイラスト、シデナム・エドワー
ズの*Botanical Register*, John Lindley,
London, Ridgway, 1846に掲載

P.67

レオパード・オーキッドことアンセリア・アフリカナ（Ansellia africana）、ジョージ・バークレーの版画、原画はサラ・アン・ドレイクのイラスト、シデナム・エドワーズのBotanical Register, John Lindley, London, Ridgway, 1846に掲載

P.69

アスコセントラム・ミニアタム（Ascocentrum miniatum）、ジョージ・バークレーの版画、原画はサラ・アン・ドレイクのイラスト、シデナム・エドワーズのBotanical Register, John Lindley, London, Ridgway, 1847に掲載

P.71

ビフレナリア・ラケモサ、S.ワッツの版画、原画はサラ・アン・ドレイクのイラスト、シデナム・エドワーズのBotanical Register, John Lindley, London, Ridgway, 1833に掲載

P.83

1835.
斑のあるコリアンテス属の品種、S.ワッツの版画、原画はサラ・アン・ドレイクのイラスト、シデナム・エドワーズのBotanical Register, John Lindley, London, Ridgway, 1835に掲載

P.85

シンビジウム・サレスキアヌム（Cymbidium zaleskianum）S.ド・レーウの多色刷石版画、オリジナルはC.ド・ブライネのデッサン、Lindenia, Iconographie des orchidées, Lucien Linden, Bruxelles, 1902に掲載

P.88

ピンク色と黄色のデンドロビウム・ノビレ（Dendrobium nobile）、
Sertum Orchidaceum, England, 1838に掲載されたリトグラフ

P.91

ディサ・グランディフロラ（Disa grandiflora）、ジョン・リンドレー（1799-1865年）のSertum orchidaceum（1838年）に掲載されたサラ・アン・ドレイクの作品

P.93

ドラキュラ・キマエラ（Dracula chimaera）あるいはマスデバリア・キマエラ（Masdevallia chimaera）、P.ド・パンヌマーケルの多色刷石版画、Illustration Horticole, Jean Linden, Brussels, 1873に掲載

P.95

着生蘭、ゴンゴラ・マクラタ（Gongora maculata）、版画、原画はウォルター・フィッチのイラスト、Botanical Magazine, William Jackson Hooker, London, 1838に掲載

P.98

レリオカトレア x デュシェネイ（Laeliocattleya x duchesnei）の交配種。S.ド・レーウの多色刷石版画、オリジナルはC.ド・ブライネのデッサン、Lindenia, Iconographie des orchidées, Lucien Linden, Bruxelles, 1902に掲載

P.101

紫色のマスデバリア・リンデニイ（Masdevalliea lindeni）、ウォーシントン・G.スミス（1835-1917年）のリトグラフ、ヘンリー・ホニウッド・ドンブレイン（1818-1905年）のFloral Magazine, 1872に掲載

P.103

パフィオペディルム・プリムリナム（Paphiopedilum primulinum）、ルイス・ヴァン・ホウテとシャルル・ルメールのリトグラフ、Flowers of the Gardens and Hothouses of Europe, Ghent, Belgium, 1856に掲載

P.107
ファレノプシス・エスメラルダ"アルビフロラ"

P.111
ソブラリア・マクランサ（*Sobralia macrantha*）、ストルーバントのリトグラフ、*Flowers of the Gardens and Hothouses of Europe,* Louis van Houtte and Charles Lemaire, Ghent, Belgium, 1851に掲載

P.113
リンコスティリス・ギガンテアの亜種ビオラセア（*Rhynchostylis gigantea subsp. violacea*）、ジョージ・バークレーの版画、原画はサラン・アン・ドレイクのイラスト、*Botanical Register,* John Lindley, London, Ridgway, 1847に掲載

P.119
新熱帯区に生息するスタンホペア属の品種、S.ワッツの版画、原画はサラ・アン・ドレイクのイラスト、シデナム・エドワーズの*Botanical Register,* John Lindley, London, Ridgway, 1835に掲載

P.121
バンダ・ベイトマンニ（*Vanda batemanni*）、S.ワッツの版画、原画はサラ・アン・ドレイクのイラスト、シデナム・エドワーズの*Botanical Register,* John Lindley, London, Ridgway, 1846に掲載

P.125
ジゴペタルム・マキシラレの品種アンデルソニアヌム（*Zygopetalum maxillare var. andersonianum*）、*The New Practical Gardener,* James Anderson, Glascow, 1872に掲載されたリトグラフ

INDEX

1. Aganisia tricolor. — 2. Coryanthes macrantha. — 3. Miltonia Blunti. — 4. Nanodes Medusae. — 5. Dendrobium Brymerianum. — 6. Brassia caudata var. hieroglyphica. — 7. Cattleya Trianae var. purpurata. — 8. Masdevallia spectrum. — 9. Laelia elegans var. Houtteana. — 10. Coelogyne pandurata. — 11. Taphinia Randi.

クレジット
CRÉDIT PHOTOS

Couverture
Jonas/Kharbine Tapabor

Biosphoto
François Gilson : pp. 73, 89 ; Natural History
Museum of London : pp. 61, 79, 111 ; Royal
Horticulture Society : pp. 75, 77, 81, 97, 109,
123.

D.R.
pp. 48, 115.

Istock
Gardes, pp. 13 (derrière), 14, 17, 19, 21, 27,
29, 32 (devant), 39, 44, 47, 50, 51, 52, 53, 87,
102, 106.

Kharbine tapabor
p. 54 ; BHVP-Grob : p. 46 ; British Library :
pp. 11, 90, 91 ;
Jonas : 22.

Leemage
p. 121 ; Aisa : p. 31 ; CuboImages : p. 88 ;
DeAgostini : pp. 16, 37 ;
Florilegius : pp. 13 (devant), 55, 63, 65, 67,
69, 71, 83, 85, 93, 95, 98, 101, 103, 113,
117, 119, 125 ; North Wind Pictures : p. 43
(devant) ; Viard M./HorizonFeature : p. 107.

Rustica
pp. 9, 23, 25, 32 (derrière), 35, 43 (derrière).

日本語版監修者プロフィール

江尻宗一（えじり・むねかず）

日本有数の蘭栽培・育種・販売を手掛ける須和田農園を経営。日本洋蘭農業協同組合（JOGA）組合長。英国王立園芸協会（RHS）蘭委員会委員。東京農業大学農学部農学科卒業後、米国サンタバーバラのラン園へ留学し、以後現在に至るまで世界各地の蘭の自生地を訪れ、失われつつある野生状態を記録している。著書に『NHK趣味の園芸よくわかる栽培12か月 シンビジウム』『NHK趣味の園芸 新版・園芸相談（2）洋ラン』（ともにNHK出版）など。

須和田農園の連絡先
〒272-0825 千葉県市川市須和田2-26-20　TEL：047-371-7768（9:00〜17:00）
メール：5stars@suwada.com　http://www.suwada.com/

魅惑の蘭事典
世界のオーキッドと秘密の物語

2020年11月25日　初版第1刷発行
2021年7月25日　初版第2刷発行

編者　　　　　Rustica Éditions（©Rustica Éditions）
発行者　　　　長瀬 聡
発行所　　　　株式会社 グラフィック社
　　　　　　　〒102-0073 東京都千代田区九段北1-14-17
　　　　　　　Phone 03-3263-4318
　　　　　　　Fax 03-3263-5297
　　　　　　　http://www.graphicsha.co.jp
　　　　　　　振替：00130-6-114345

制作スタッフ
監修　　　　　　　　　江尻宗一
翻訳　　　　　　　　　ダコスタ吉村花子
組版・カバーデザイン　神子澤知弓
編集　　　　　　　　　金杉沙織
制作・進行　　　　　　本木貴子（グラフィック社）

ISBN 978-4-7661-3422-3　C0076
Printed in China